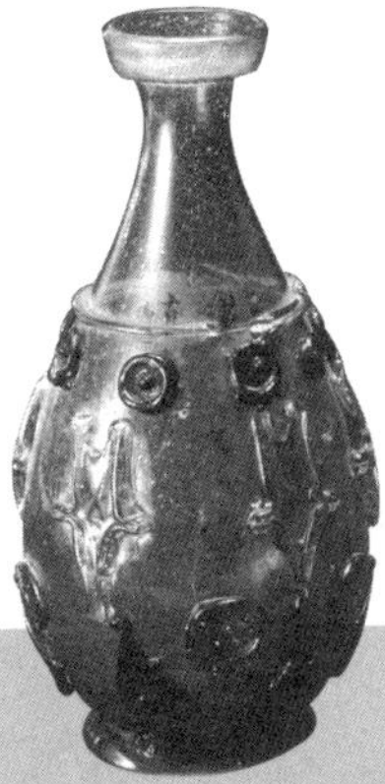

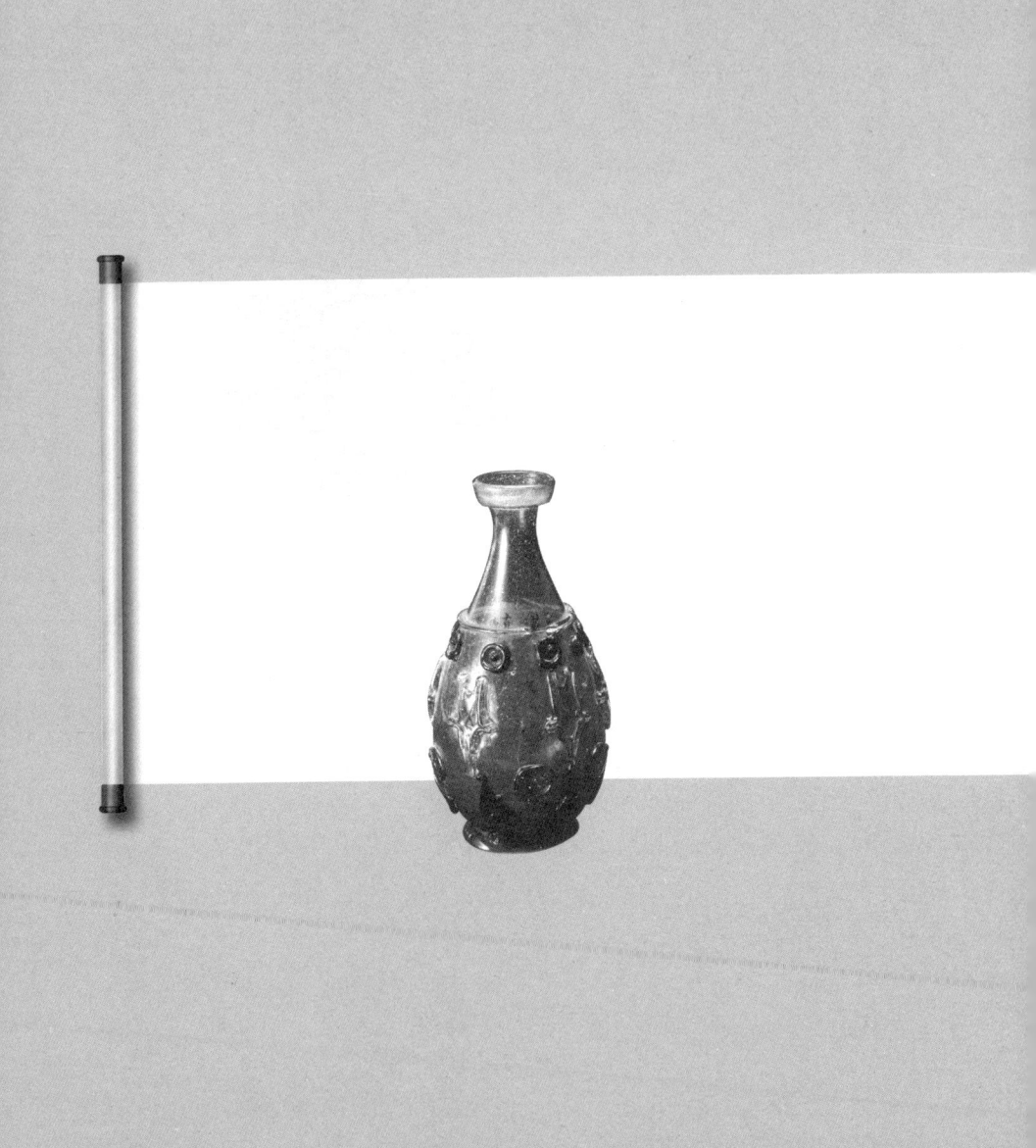

"画圣"吴道子

○ 主编 金开诚
○ 编著 董晓畔

吉林文史出版社
吉林出版集团有限责任公司

图书在版编目（CIP）数据

"画圣"吴道子/董晓畔编著.—长春：吉林出版集团有限责任公司，2011.4（2022.1重印）
ISBN 978-7-5463-5009-7

Ⅰ.①画… Ⅱ.①董… Ⅲ.①吴道子（685～758）–生平事迹 Ⅳ.①K825.72

中国版本图书馆CIP数据核字（2011）第053439号

"画圣"吴道子

HUASHENG WUDAOZI

主编/金开诚　　编著/董晓畔
项目负责/崔博华　　责任编辑/崔博华　　高原媛
责任校对/高原媛　　装帧设计/李岩冰　　赵　星
出版发行/吉林文史出版社　　吉林出版集团有限责任公司
地址/长春市人民大街4646号　　邮编/130021
电话/0431-86037503　　传真/0431-86037589
印刷/三河市金兆印刷装订有限公司
版次/2011年4月第1版　　2022年1月第5次印刷
开本/650mm×960mm　　1/16
印张/9　　字数/30千
书号/ISBN　978-7-5463-5009-7
定价/34.80元

编委会

主　任：胡宪武
副主任：马　竞　周殿富　董维仁
编　委（按姓氏笔画排列）：

于春海　王汝梅　吕庆业　刘　野　孙鹤娟
李立厚　邴　正　张文东　张晶昱　陈少志
范中华　郑　毅　徐　潜　曹　恒　曹保明
崔　为　崔博华　程舒伟

前 言

文化是一种社会现象，是人类物质文明和精神文明有机融合的产物；同时又是一种历史现象，是社会的历史沉积。当今世界，随着经济全球化进程的加快，人们也越来越重视本民族的文化。我们只有加强对本民族文化的继承和创新，才能更好地弘扬民族精神，增强民族凝聚力。历史经验告诉我们，任何一个民族要想屹立于世界民族之林，必须具有自尊、自信、自强的民族意识。文化是维系一个民族生存和发展的强大动力。一个民族的存在依赖文化，文化的解体就是一个民族的消亡。

随着我国综合国力的日益强大，广大民众对重塑民族自尊心和自豪感的愿望日益迫切。作为民族大家庭中的一员，将源远流长、博大精深的中国文化继承并传播给广大群众，特别是青年一代，是我们出版人义不容辞的责任。

本套丛书是由吉林文史出版社和吉林出版集团有限责任公司组织国内知名专家学者编写的一套旨在传播中华五千年优秀传统文化，提高全民文化修养的大型知识读本。该书在深入挖掘和整理中华优秀传统文化成果的同时，结合社会发展，注入了时代精神。书中优美生动的文字、简明通俗的语言、图文并茂的形式，把中国文化中的物态文化、制度文化、行为文化、精神文化等知识要点全面展示给读者。点点滴滴的文化知识仿佛颗颗繁星，组成了灿烂辉煌的中国文化的天穹。

希望本书能为弘扬中华五千年优秀传统文化、增强各民族团结、构建社会主义和谐社会尽一份绵薄之力，也坚信我们的中华民族一定能够早日实现伟大复兴！

目录

一、吴道子生活的时代及生平 … 001
二、吴道子轶事 … 029
三、吴道子的艺术成就 … 045
四、吴道子作品的艺术特色 … 093
五、吴道子艺术的历史影响 … 115

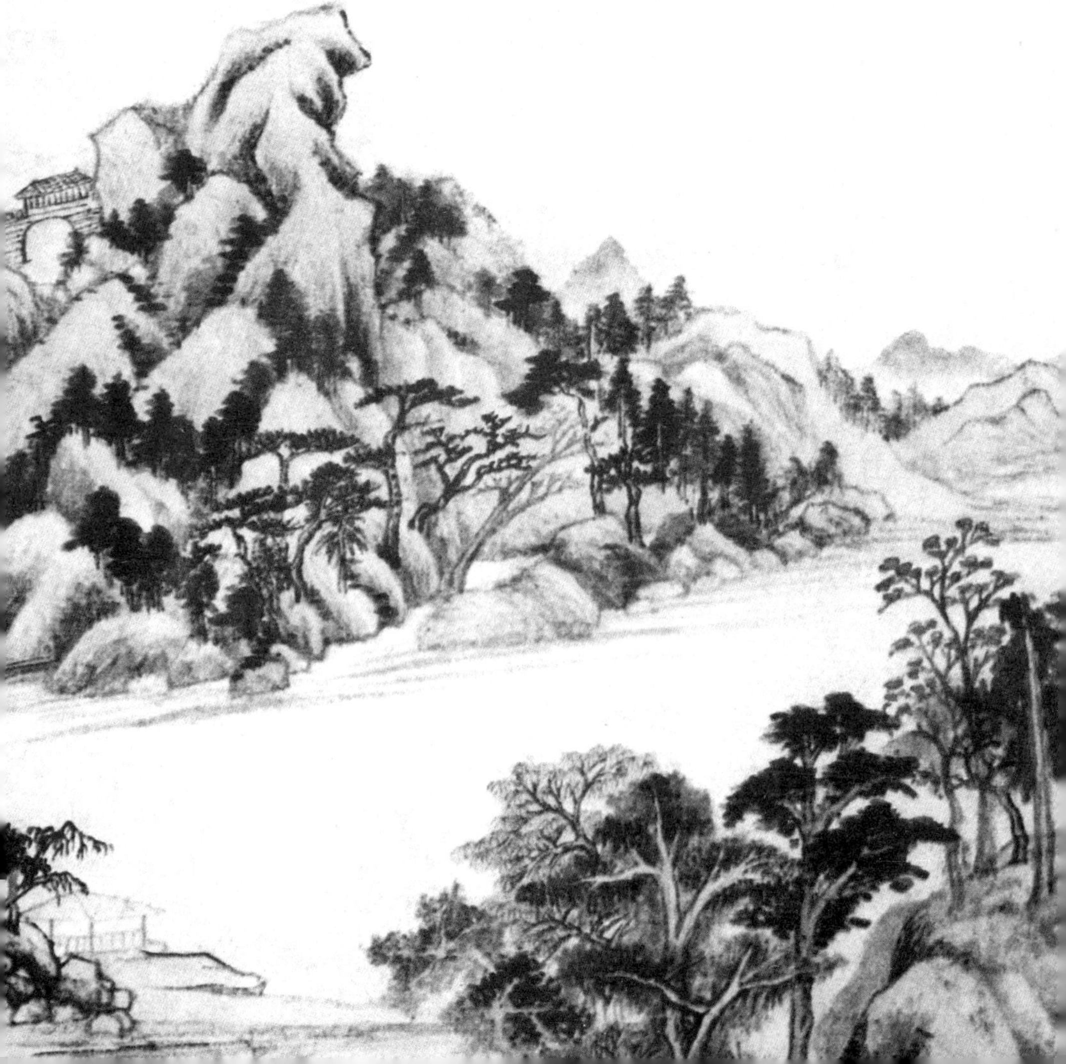

一、吴道子生活的时代及生平

(一)吴道子生活的时代背景

吴道子,唐代画家,生卒年不详,大概生活在公元685年到759年前后,成年后又名道玄,尊称吴生,阳翟(今河南省禹县)人。少年时父母早亡,生活贫寒。早年为民间画工,年未弱冠之时,就已经掌握了高超的绘画技巧。神龙年间(705—707年)事逍遥公韦嗣立,做了小吏。景龙

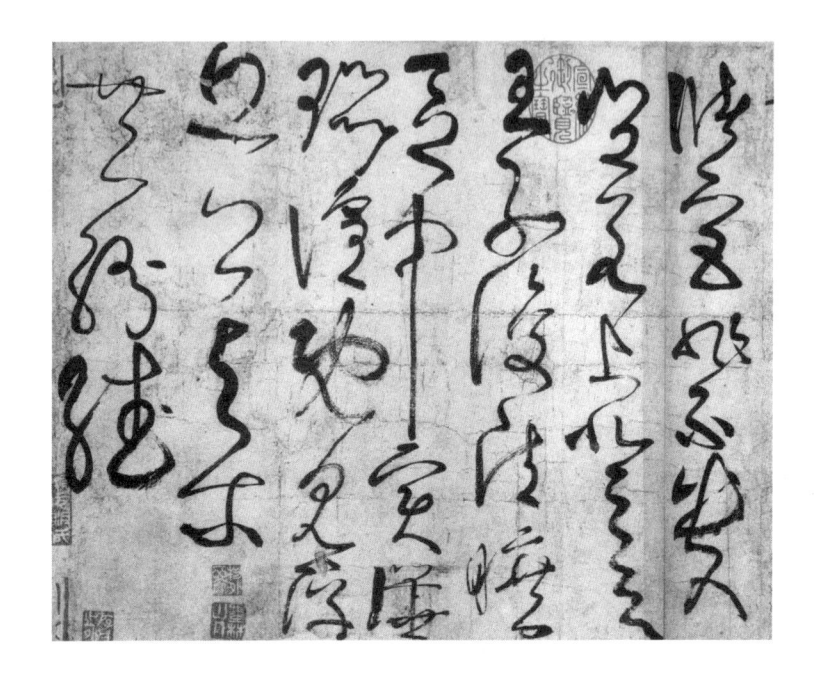

年间(707—741年)任兖州瑕丘(今山东省滋阳县)县尉,不久坚决辞官而去。之后,他浪迹东都洛阳,曾学书于张旭、贺知章,后专工绘画,并在寺观从事壁画制作。开元年间(713—741年),他被唐玄宗召入宫中为宫廷作画,先后任供奉、内教博士,官至宁王友。他奉诏绘制了一些历史画或政治性肖像画(如《金桥图》),还常在长安、洛阳作壁画,观者如云,声名远播。天宝年间(742—756年),他游历蜀地归来,在大同殿画出嘉陵江三百余里旖旎风光。玄宗因之称羡说:李思训数月之功,吴道子一日之迹,皆极其妙。

吴道子生活的时代正是封建社会的盛期,唐太宗、武则天以来唐代社会发展蒸蒸日上,是一个充满信心、希望与热情的时代,也是一个蕴藏着深深的矛盾和冲突的时代。佛教及佛教艺术在这时已完全中国化,得到广泛发展并与人民群众有密切的联系。同时,绘画及雕塑艺术本身也已发展到成熟的阶段,写实技法

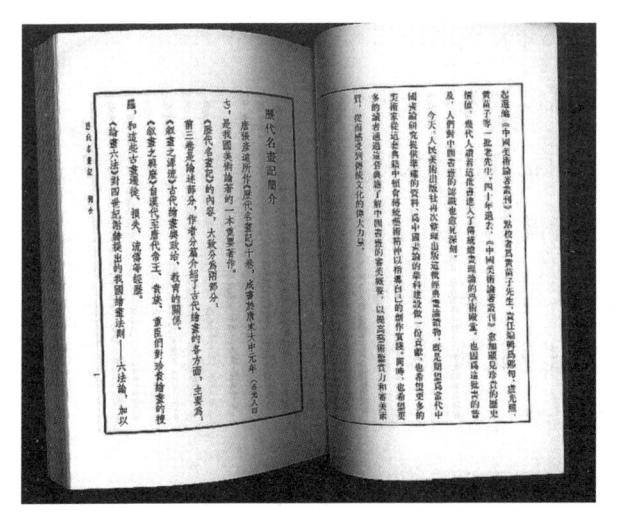

及吸取生活形象等方面都已达到相当高的水平。由此可见，盛唐时代具备了出现伟大的艺术家的条件。《历代名画记》说："圣唐至今二百三十年，奇艺者骈罗，耳目相接，开元天宝，其人最多。"吴道子、王维、张璪、李思训、曹霸、陈闳、杨庭光、卢楞枷、项容、梁令瓒、张萱、杨惠之、韦无忝、皇甫轸等人，都是当时的大画家。这么多的名家和数以千计的民间画工，争强斗胜，群英汇集，各显神通，绘画之盛，蔚为大观。

吴道子在这种环境的影响下，以杰出的天才迅速成长起来。吴道子的出现，是中国人物画史上的光辉一页。他吸收民间和外来画风，确立了新的民族风格，即世人所称的"吴家样"。他曾在长安、洛阳寺观中作佛教壁画四百余堵，情状各不相同；落笔或自臂起，或从足先，都能不失尺度。写佛像圆光，屋宇柱梁或弯弓挺刃，不用圆规矩尺，一笔挥就。他用状如兰叶或状如莼菜的笔法来表现衣褶，有飘动之势，人称"吴带当风"。他在长安兴善寺当众表演绘画，长安市民蜂拥围观，当看到吴氏"立笔挥扫，势若旋风"、一挥而就时，无不惊叹称奇。就人物画来说，"吴装"画体以新的民族风格，照耀

画坛。"诗圣"杜甫称他为"画圣"。宋代苏东坡说:"诗至杜子美,文至韩退之(愈),书至颜鲁公(真卿),画至吴道子,而古今之变,天下之事毕矣。"吴道子为"百代画圣"。在历代从事油漆彩绘与塑作专业的工匠行会中均奉吴道子为祖师,由此可见他在中国绘画史上的地位之高。

(二)吴道子的青年时期

吴道子年幼时父母双亡,生活贫寒,曾去洛阳追随当时擅长草书的著名书法家张旭、贺知章学书法。要探寻他青年时代的足迹，只有《历代名画记》提供的极为有限的线索："学书于张长史旭、贺监知章。学书不成，因工画，曾事逍遥公韦嗣立为小吏，因写蜀道山水，史创山水之体，自为一家。"由此可知，吴道子曾跟从当时名震天下的"草圣"张旭和诗人、书法家贺知章学习过书法，也当过小吏和地方官。

吴道子青年时代学书，意味着他本怀以书仕进的思想，只可惜没有学成。尽管如此，这段学书经历对他后来绘画笔法的创造，却至关重要。宋代大书法家蔡襄说："吴道子善画，而张长史师其笔法。"师生关系颠倒，应是距时较远以讹传讹的缘故，当以距时近得多的唐代美术史论家张彦远所撰《历代名画

张旭書

记》的记载为可信。

张旭是唐代书法家,字伯高,一字季明,吴郡(江苏苏州)人。初仕为常熟尉,后官至金吾长史,人称"张长史"。张旭的书法,始化于张芝、二王一路,以草书成就最高,史称"草圣"。传世书迹有《肚痛帖》《古诗四帖》等。

张旭为人洒脱不羁,豁达大度,卓尔不群,才华横溢,学识渊博。与李白、贺知章相友善，杜甫将他三人列入"饮中八仙"。唐文宗曾下诏，以李白诗歌、裴旻剑舞、张旭草书为"三绝"。张旭又工诗，与贺知章、张若虚、包融号称"吴中四士"。他是一位极有个性的草书大家，因常喝得大醉，就呼叫狂走，然后落笔成书，甚至以头发蘸墨书写，故又有"张颠"的雅称。这种充满激情的生活作风与创作作风，可能也对师从过他的吴道子产生了深刻影响，吴道子"好酒使气，每欲挥毫，必须酣饮"，师生行径如出一辙。当然，这首先是因为吴道子也具备和张旭相

同的秉性气质。

贺知章(659—744年),字季真,号四明狂客,唐越州会稽永兴(今萧山)人,早年迁居山阴(今绍兴)。少时即以诗文知名。贺知章诗文精佳,且书法品位颇高,尤擅草隶,"当世称重",好事者供其笺翰,每纸不过数十字,共传宝之。他常醉辄属籍,常与张旭、李白饮酒赋诗,切磋诗艺。《旧唐书》说他"性放旷","醉后属词,动成卷轴"。两位名士如此相像,青少年时代的吴道子备受熏陶,应该没有疑问了。

吴道子学书不成,但在绘画方面很有天赋,转而去伺候韦嗣立,当个小吏。这也是不通过科举的另一条进身之道,光靠绘画是进不了仕途的,这样以后有机会,可以依靠关系当官。他

学画不见有师从记载，应是钻研古今绘画名迹，靠天才颖悟无师自通的。他事奉韦嗣立时，曾奉命出差去四川画过山水，这为考证他当小吏的时间并以之推算生年提供了一点依据。

韦嗣立，字延构，郑州阳武（今河南原阳）人，武则天时任莱芜县令。韦嗣立初由进士为双流县令，政绩卓著。其兄韦承庆为凤阁舍人，公元695年（证圣元年），因病去任，朝廷召时任莱芜县令的韦嗣立代为凤阁舍人，深得武则天信任。武后长安时为凤阁侍郎。当时酷吏横行，人人自危，他却敢于挺身而出，犯颜直

"画圣"吴道子

谏。提出"兴学校、洗枉滥",但未被采纳。后受到州县非议,请求离开京城到外地补任,遂以凤阁侍郎身份为检校汴州刺史。由于其兄韦承庆依附张易之兄弟,二张被诛后,韦嗣立因与二张友善被贬饶州。中宗景龙时任兵部尚书。韦嗣立因与万年(今西安市旧城一带)人韦后同姓,曾奉诏附韦后属籍。韦后临朝乱政,为玄宗所杀,韦嗣立为此受到株连,徙往陈州，死后追谥为"孝"，享年66岁。

吴道子跟随韦嗣立到神龙二年（706年）兼掌吏部选事为止，才离开去当瑕丘（在今山东）县尉，他能任县尉，当与韦嗣立正好兼掌吏部选事有关。这一年他二十多岁，人已成熟，又有当了三年小吏积累起来的官场应对经验，凭着韦嗣立的关系，获得一个低级职位易于执掌。

本来吴道子想学书进入仕途，学书不成却当了显宦的小吏，总算还顺利，做了县尉跻身官场，继续下去有望逐步升官，然而也未必能够顺心。著名诗人高适也曾当过河南封丘县令，有诗写道："只言小邑无所为，公门百事皆有期，拜迎官长心欲碎，鞭挞黎庶令人

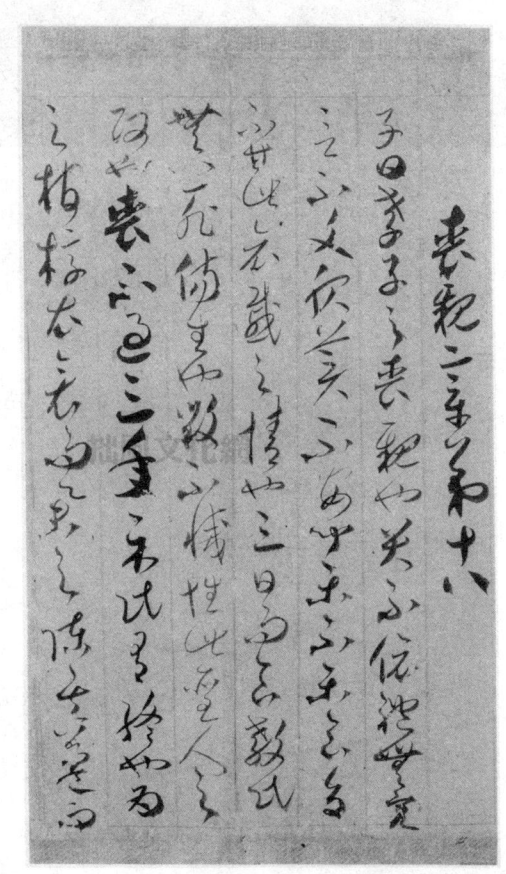

"悲。"县尉管治安,有时要打老百姓,还要奉迎上级,使诗人受不了。可以想象,以吴道子的秉性,也不会满意当这样的小官,所以不久就放弃从政,到东都洛阳靠绘画谋生。这虽属推测,但合逻辑。当然还可能有其他的理由迫使他的生活变轨,只是我们无法得知。

(三)吴道子的壮年时期

唐王朝的东都洛阳,是当时人才荟萃、艺术发达的文化中心。吴道子在那里施展才华,并有了很大的名声,以至于

"明皇（玄宗）知其名，召入内供奉"。

据记载唐玄宗病中梦见一小鬼盗走玉笛以及杨贵妃的绣香囊。玄宗大怒，正要派武士驱鬼，忽见一大鬼奔进殿来。此鬼蓬发虬髯，面目可怖，头系角带，身穿蓝袍，皮革裹足，袒露一臂，一伸手便抓住那个小鬼，剜出眼珠后一口吞了下去。玄宗骇极，忙问是谁，大鬼向玄宗施礼，自称是终南山钟馗，高祖武德年间，因赴长安应武举不第，羞归故里，触殿前阶石而死。幸蒙高祖赐绿袍葬之，遂铭感在心，誓替大唐除尽妖魅。唐玄宗醒后，病也霍然而愈。玄宗令画家吴道子按其梦中所见画一幅钟馗图。图成，玄宗在画上批曰："灵祇应梦，厥疾全瘳，烈士除妖，实须称奖；因图异状，颁显有司，岁暮

驱除，可宜遍识，以祛邪魅，益静妖氛。仍告天下，悉令知委。"有司奉旨，将吴道子《钟馗捉鬼图》镂板印刷，广颁天下，让世人皆知钟馗的神威。此事所叙未必是事实，但是皇帝赐给大臣钟馗画像作为新年礼物，的确是盛唐以来的惯例，如开元时的名人张说及其后的刘禹锡等，都有谢赐钟馗图和历日表的作品传世。

吴道子在宫中是高级宫廷画师，进宫后，有时要跟从玄宗外出巡游，以便随时奉旨作画。《唐朝名画录》里记载："开元中驾幸东洛，吴生与裴旻将军、张旭张长史相遇，个陈其能。" 裴旻是唐开元间人。据《独异志》载，他"掷剑入云，高数十丈，若电光下射，漫引手执鞘承之，剑透空而入，观者千百人，无不凉惊栗"。又据《历代名画记》，画家吴道子因见裴旻剑舞，"出没神怪既毕"，乃"挥毫益进"。诗人李白曾从其学剑。文宗时，称李白的诗、张旭的草书、裴旻的剑舞为"三绝"，世人称他们三人分别为"诗仙""草圣""剑圣"。裴还以善射而著名，是位勇敢善战、武艺高强的将军，不是徒善舞剑而已。

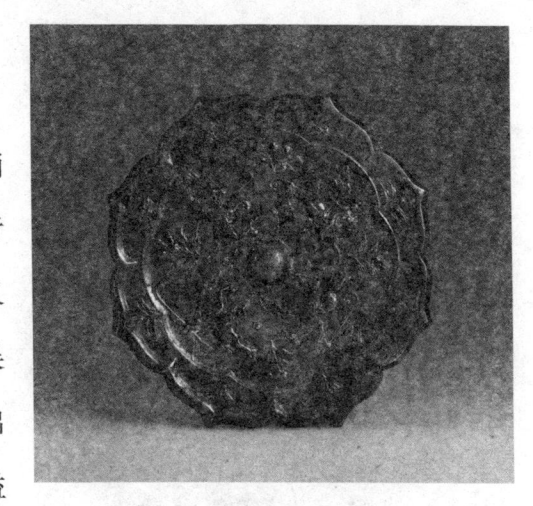

这次吴道子重返洛阳已是四十多岁，正值入宫一年多后，画艺高超，精力旺盛，意气高昂，足可和裴旻及早年的书法老师张旭各显其才。吴道子与裴旻的缘分又是如何而来的呢？张彦远记："天宫寺三门吴画《除灾患变》。" 壁画的名字

就是《除灾患变》。开元年间,将军裴旻在家守母丧,到吴道子那儿,请吴道子为他在东都洛阳的天宫寺绘制几幅状写神鬼的壁画,用来给在阴间的母亲求得神佛的保佑。吴道子回答说:"我已经很久不作画了。如果将军真的有意请我作画,为我缠绸结作彩饰,请舞一曲剑。或许因为你剑舞的勇猛凌厉,能让我的画重新跟阴界相通。"裴旻听了后立即脱去丧服,换上平常穿的衣裳,骑在马上奔跑如飞,左右舞剑,将剑一下掷入空中,高几十丈,然后像电光一样射下来,裴旻伸手拿着剑鞘接着。从高空中坠落下来的宝剑,穿透了剑鞘。几千人围观,没有一个人不对这种惊险的场面感到惊惧。吴道子于是挥笔在墙壁上作画,随着笔墨挥舞,飒飒地刮起了大风。这种壮观的情景是世上罕见的。吴道子一生中画了许多画,他自认为得意的作品没有超过这幅的。

吴道子观裴旻舞剑,是艺术创造的特殊需要,借以启发艺术灵感,引爆激情,顿悟理法奥妙等等。他的老师张旭也擅长这么做。《新唐书》本传说,张旭自言"始见公主担夫争道,又问鼓吹,而得笔法意,观倡公孙舞《剑器》,得其神"。意思是说他曾从公主的担夫与路人争道的闪臂动作与姿态里,以及鼓吹音乐的节奏中悟出书法笔意。又从当时一位著名舞伎公孙大娘的剑器舞中,受到启发悟出

书法的神气。张旭从中得到感悟，所以他的草书气势磅礴、穷尽变化，很有音乐舞蹈的韵律节奏美感。吴道子的人物画体态动作与衣纹变化，也有此美。

吴道子壮年时代作品颇多，也极有影响。他画有长安太清宫殿内的《玄元真》、长安净土院《金刚经变》、景公寺《地狱变相》、菩提寺《智度论色偈变》等等。

吴道子一生精力主要用于壁画、屏风和卷轴画的创作，题材几乎都与宗教有关。杜甫诗中说"画手看前辈,吴生远擅长。森罗移地轴,妙绝动宫墙。五圣联龙衮,千官列雁行。冕旒俱秀发,旌旆尽飞扬",既称赞吴道子的画技,又描写了壁画场面与艺术效果,其中"妙绝动宫墙"一句,成为吴道子艺术风格与魅力的经典评语之一。

(四)吴道子的晚年

吴道子晚年的情况并没有被直接记载,只有《历代名画记》中关于他的门徒卢棱伽的史料透露出一点重要信息:卢棱伽,吴弟子也,画技似吴,但才

力有限。颇能细画,咫尺间山水寥廓,物像精备,经变佛事,视其所长。吴生尝于京师画总持寺三门,获得了大量钱财。棱伽于是自己偷偷画了庄严寺三门,锐意开张,颇臻其妙。一日吴道子忽然见之,惊叹曰:"此子笔力常时不及我,今乃类我。是子也,精爽(精神、魂灵)尽于此矣。"过了一月后,棱伽果然死了。据《益州名画录》记载:棱伽,京兆(今陕西西安)人也。明皇帝驻跸(指安史之乱玄宗逃亡四川）之日，卢棱伽自汴（今河南开封）入蜀，嘉名高誉，播诸蜀川，当代名流都佩服他画画精妙。至德二载（757年）起大圣慈寺，乾元初（乾元仅三年，此指元年即758年）于殿东西廊下画行道高僧数堵，颜真卿题，时称二绝。

吴道子因获玄宗的赏识重视才得以施展艺术才华，但由以上记载可知，"安史之乱"时，吴道子并没有跟随玄宗逃难，身在何处，无人可知。"安史之乱"后，玄宗成了太上皇，失去实权，又时常痛忆仓促逃难时被迫赐死的至爱杨贵妃，过了几年就抑郁而死。吴道子没了靠山，也到了告老

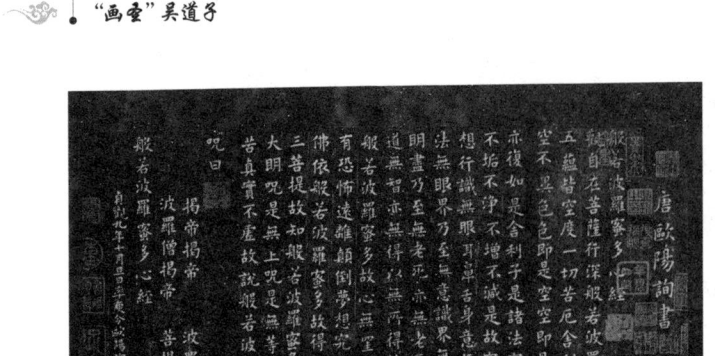

年龄，可能重返民间画坛，楞伽画庄严寺三门，是他去世前的最后创作，应是在开元初画完成都大圣慈寺，因叛乱已平而去长安以后的事情，最早也要到乾元二年（759年）。那时吴道子七十多岁高龄，不但健在，还总在寺观画壁画赚大钱。之后活了多久就不得而知了，所以卒年待考。

画圣的尊容如何呢？《历代名画记》提到，吴道子在长安千福寺西塔院以自己的容貌为模特画菩提像，想必长得雍容端庄，有富贵之相，否则怎么能作菩萨的模特？《唐朝名画记》也有一件有趣的记载：有一位在开元时期和吴道子齐名的画家杨庭光，曾于天宝中，偷偷在一幅壁画里把吴道子的肖像画在讲席众人当中，再带他去观看。吴道子看了很惊讶，对杨庭光说："老夫衰丑，何用图之？"并因这幅肖像而叹服杨庭光。天宝年间吴道子已六七十岁，所以自谦"衰丑"，但由此事可证明他的形象应该很好，杨庭光才会有兴趣画他。

　　吴道子的经济状况又如何呢？他是高产画家，又有极高的艺术地位，靠画壁画收入不菲。在唐代，收藏之风很盛，"凡人间藏蓄，必当有顾（恺之）、陆（探微）、张（僧繇）、（吴）道子著名卷轴，方可言有图画"，可知吴道子的作品市场有多大。他画一扇屏风，"值金二万"，差一点的"一万五千"，在当时是最高价位。不过"金"是指钱，不是黄金。

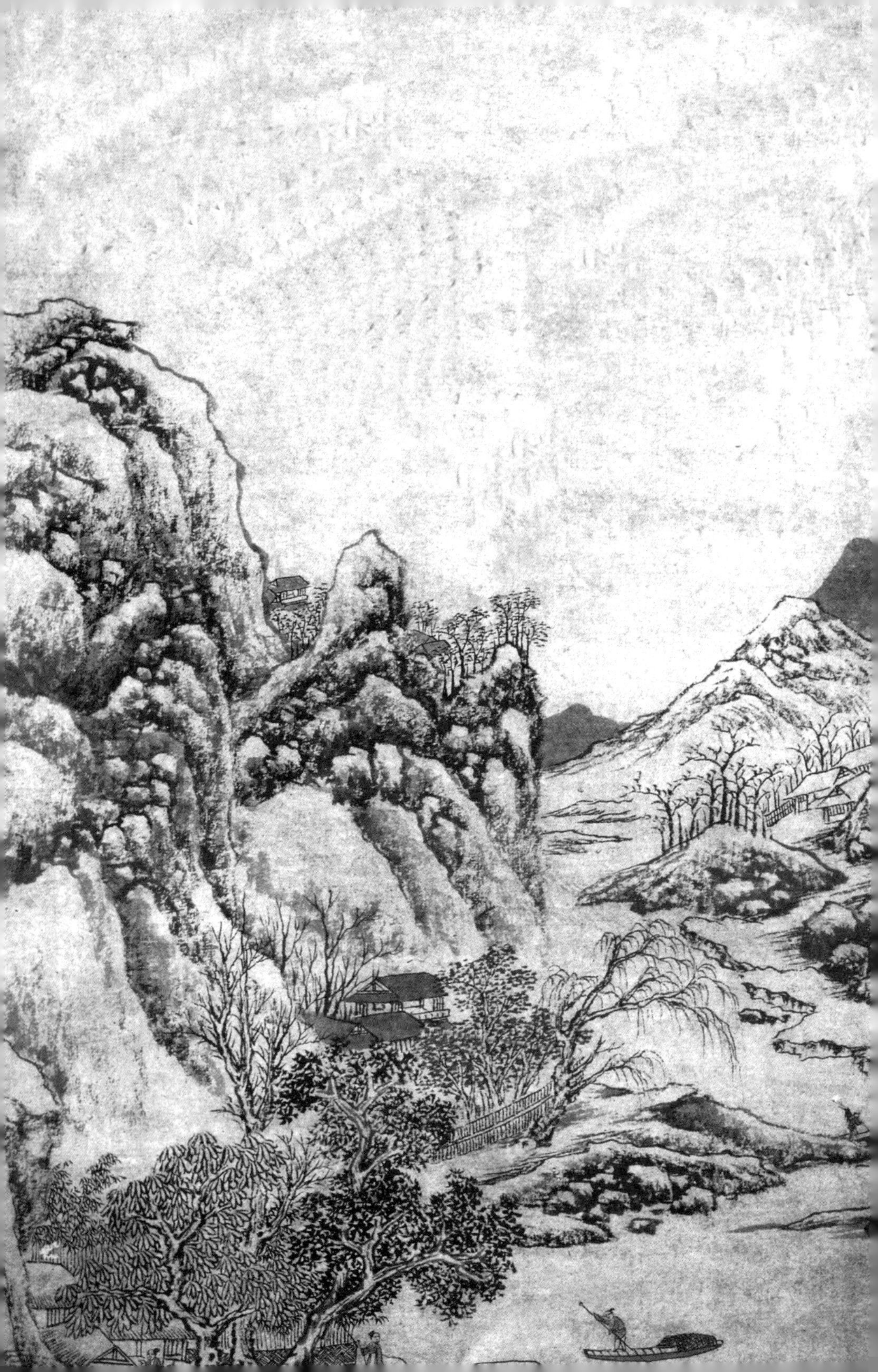

二、吴道子轶事

正史里对吴道子的描述并不是很多，但在民间流传着许多吴道子的故事，从另一个角度反映了吴道子艺术的影响力。

(一)

吴道子少年失去父母，只好背井离乡，出外谋生。一天傍晚，吴道子路经河

"画圣"吴道子

北定州城外时,突然发现前面有一座雄伟壮观的寺院柏林寺,便走了进去。

吴道子迈进院内,从大殿虚掩的门缝里,看见油灯下一位年迈的老和尚正在殿墙上聚精会神地画画。吴道子很好奇,悄悄推开门,轻轻地走了进去,站在老和尚身后看。老和尚一回头,发现一个十来岁的男孩这么出神地看他画壁画,打心里欢喜,便问吴道子:"孩子,你喜欢这幅画吗?"吴道子点了点头。老和尚知道了他的身世后,抚摸着他的头说:"你要愿意学画,就做我的徒弟吧。"吴道子听了忙磕头拜师。

这天,老和尚把吴道子领到后殿,指着雪白的墙壁说:"我想在这空壁上画一幅《江海奔腾图》,画了多次都不像真水实浪。明天起我带你到各地江河湖海周游三年，回来再画它。"次日一大早，吴道子收拾好行李，就跟着老和尚出发了。走到哪里，老和尚都叫吴道子练习画水，开始他还认真，时间一长，就觉得有些腻烦了，画起来就不怎么用功了。老和尚把他叫到身边说："孩子呀，要想把江河湖海奔腾的气势画出来，非下苦功不可，更要一个水珠、一朵浪花地画。"说罢，老和尚打开随身带的木箱，吴道子一看怔住了：这满满一箱画稿，没一张是完整的，上面全是一个小水珠、一朵浪花或一层水波。这时，吴道子才知道自己错了。从此，他每天早起晚归学画水珠浪花，风天雨天，也打着伞到海边观望水波浪涛的变

化。

光阴似箭,一晃三年过去了。吴道子画水很有长进,得到师父的赞赏。万没料到,回寺的第二天,老和尚竟病倒在床了。吴道子跪在床前真诚地说:"师父,我愿替您画那幅《江海奔腾图》。"老和尚见十五六岁的吴道子,竟说出这样有志气的话,心中大喜,病也好了一半,当下就答应了。于是,吴道子便走进后殿画起《江海奔腾图》来。整整九个月,他不出殿堂,吃喝睡全在里边,精心构思壁画。

深秋的一天,吴道子高兴地跑出后殿,跪在老和尚面前激动地说:"师父,我已把《江海奔腾图》画出来了!请您去观看。"老和尚听后,病竟然全好了!他沐浴更衣,领着全寺院的和尚一同去后殿观赏。吴道子把后殿大门轻轻打开,只见波涛汹涌,迎面扑来!一位和尚大声惊呼道："不好啦，天河开口了！"众和尚吓得你挤我撞，争着逃命。老和尚心里有底，站在殿门口，看着扑面而来的浪花仰天大笑，冲着吴道子说："孩子，你画的这幅《江海奔腾图》成功啦！"从那以后，来柏林寺观赏临摹《江海奔腾图》的文人画师络绎不绝。但吴道子并不骄傲，他更加刻苦地学画，终于成为中国盛唐时期的"画圣"。

(二)

《卢氏杂记》记载了这样一个故事：有一次，吴道子去拜访某僧人，欲讨杯茶喝，但此僧对他不太礼貌。他很气愤，就请来笔砚，随即在僧房墙壁上画了一头驴，然后离去。不料一天晚上，他画的驴变成了真驴，恼怒异常，满屋地尥蹶子，把僧房的家具等物都给践踏得乱七八糟，满屋狼藉。这僧人知道是吴道子所画的驴在作怪，只好去恳求他，请他把壁上画涂抹掉。以后果然平安无事了。画上的驴变成了真的，固然是一种神奇的传说，却反映了吴道子画动物具有传神之笔。

（三）

有一天，吴道子来朝鸡足山。他在金顶寺住宿的那天晚上，月亮格外明亮。他与跃治禅师对月饮酒，闲话古今，谈得非常投机。禅师说："久闻大师是丹青高手，乘此良宵，敢请大师即兴作画，一来让贫僧开开眼界，二来也给寒寺留下一个永久的纪念，不知意下如何？"

吴道子连连点头，禅师便命小和尚侍候。道子略微想想，就拿起笔来，作了一幅《立马图》，那马画得真是活灵活现。刚要画最后一笔——马尾，忽然吴道子觉得胸闷恶心，十分难过，就把画笔一搁，快步走到院里，呕吐起来。执事和尚忙端茶水请画师洗漱，又搀回禅室安歇。第二天醒来，吴道子精神好些了，好像已经忘记了昨天画马之事，吃过

饭便辞别众僧，下山去了。过了几天，禅师细看《立马图》，才发觉马尾巴还没有画，十分惋惜，但也无可奈何，只得将它挂在禅堂侧室里。禅师每天要在画前烧一炉香，一来怀念大师，二来观赏马图。看那马，越看越觉得活灵活现，好像嘶鸣着要跳下来。

不久后的一天，山下十来个村民闹闹嚷嚷地冲进寺院来，怒气冲冲地对禅师说："你们寺里的秃尾巴马，天天晚上来吃我们的庄稼，这次被我们追着，它一直跑进你们这个寺去了，你们得赔还我们庄稼。"禅师真是"丈二和尚摸不着头脑",说:"佛家养什么马?不信请你们遍寺搜一搜。"村民们到处去找,却连马的影子也没见到,他们想一定是禅师藏了,便和他纠缠不休。禅师想了半天,忽然想起那幅画来,便对农人们说:"众位乡邻,老僧确实无马,倒有一幅吴道子大师画的立马图,请进屋来看看。"庄稼汉们一看那图上的马,都大吃一惊,这秃尾马竟跟他们刚才追赶的秃尾马一模一样,看它嘴里,还衔着几根青麦苗呢!于是,他们指着画上的马说:"就是它,天天夜里偷吃我们的庄稼。"

禅师大怒,指着秃尾马画骂道:"畜生,留着你害人,不如送你到火塘里去。"

一说这话,只见

那马跪了下来，两眼流着泪。村民们看着真是惊奇，觉得把它烧了也可惜，就说："算了，只要它诚心改悔，不再糟蹋庄稼就行了。"

从那以后，人们经常看见有匹秃尾马从鸡足山下来，去帮村民们驮柴、驮麦、驮稻子。许多人不知道它的来历，可那十多个村民心里明白：它就是吴道子画的秃尾神马。

（四）

一天傍晚，"画圣"吴道子从新政离堆山观景回来，路过一座茅草房，里面传出纺棉花的声音，但不见屋里有灯光，他感到很奇怪。第二天一早，吴道子来到这茅草房前，一个白发老太婆走出来，请他进屋坐，请他喝茶。吴道子接过茶问：

"老人家你认得我吗?"老太婆说:"认得,认得,我到街上卖线子,听人说你是吴画匠,还说你为人好,不巴结有钱人和官府。"吴道子点了点头,又问:"你家有几个人?"老太婆伤心地说:"丈夫死得早,前几年儿子也害病死了,剩下我这孤老婆子,就靠纺棉花卖线子糊嘴巴。"吴道子叹了口气,又问:"你晚上纺棉花,为啥不点灯?"老太婆含泪说:"吴先生呐,我白天夜晚不停地纺,赚的钱还供不起吃饭穿衣,哪有钱买油点灯呢!从儿子死后,已经三年没点灯了。"吴道子想了想,说:"老人家,你的日子很苦,我也帮不了你什么忙,给你画幅画吧。"老太婆很高兴。

吴道子研墨铺纸,开始作画。先把蘸饱墨汁的

笔往纸上一甩,纸上立刻出现许多亮晶晶的小点点,又用笔在小点点上轻轻涂几下,最后在空白处画了一个圆圈儿就算画成了。他对老太婆说:"你把这画贴在屋里,会有用的。"老太婆虽看不出画的是啥,可是深信吴道子是个好人,不会骗她,她高兴地接过画,随即从床头边取出一把挽好的线子对吴道子说:"操劳你了吴先生，我不晓得咋个报答你，就把线子送你去换笔墨吧！"吴道子说："我给你画画，不是为了钱。要是为钱，你就是出一千两银子我也不会画的。你还是留着线子换米吧！"说完收拾画具出门走了。老太婆小心地把画帖在纺车前面的墙壁上。

　　天黑了，老太婆发现，那幅画竟是一片蓝天，上面有数不清的星星在闪光，一个圆圆的月亮把屋里照得像白天一样亮。从那以后，一到夜晚，画上的星星和月亮就发出光来，老太婆对着星月纺线比以前方便多了。

　　由此可见，吴道子的画具有高妙的技艺和强烈的艺术感染力。

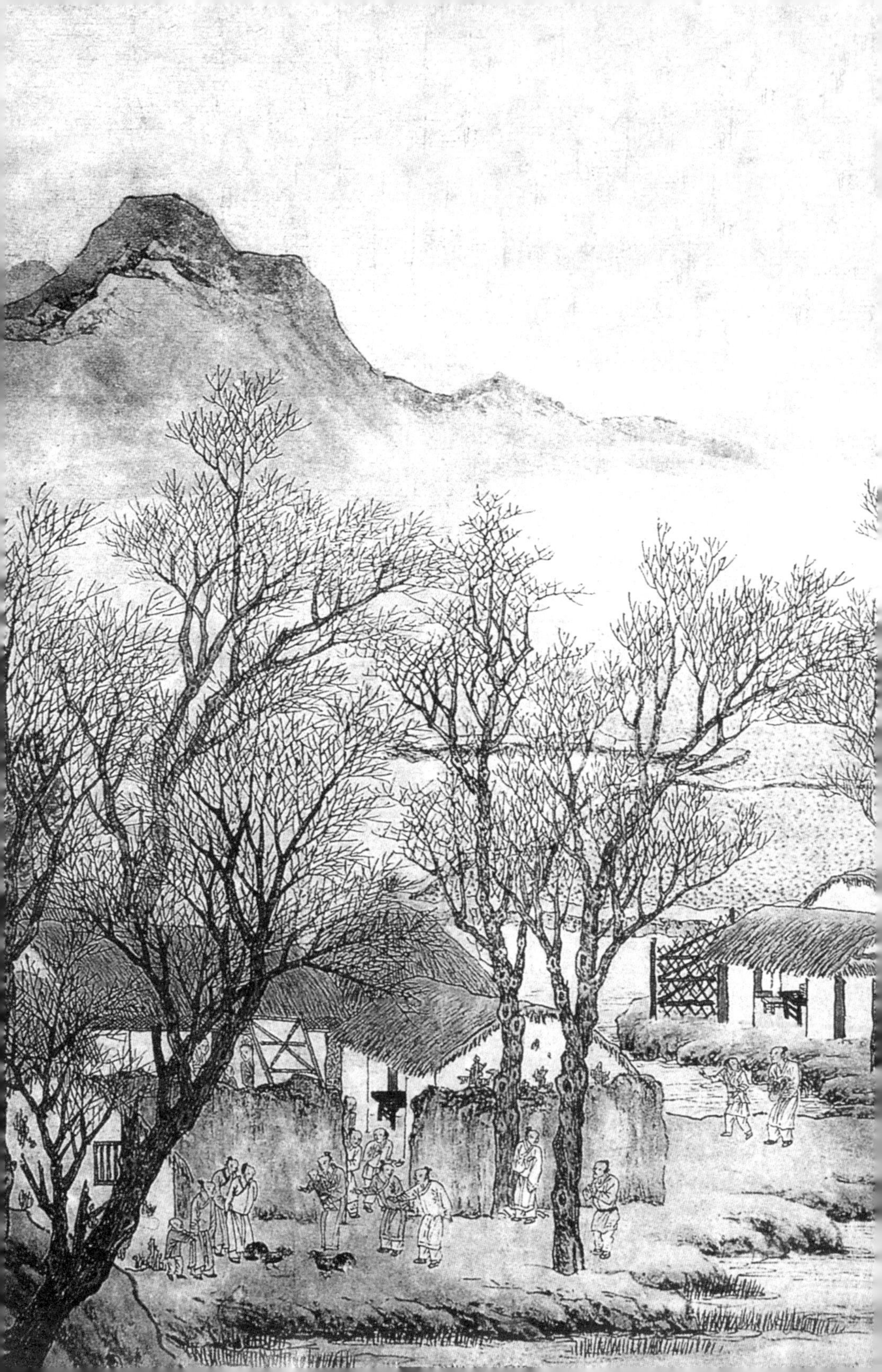

三、吴道子的艺术成就

(一) 吴道子艺术的创作背景

隋唐两代处于封建社会盛期,国家统一、社会相对安定、经济繁荣、对外经济文化交流频繁且活跃,这都给文化艺术的发展带来了新的机遇。中国隋唐时代的绘画艺术随着社会经济文化的繁荣,在题材、内容和表现手法等方面,均取得了高度的成就,成为中国绘画史上

的高峰之一。

人物画在隋唐时期占主要地位,著名画家有阎立本、吴道子等。中唐周昉善画天王和菩萨,创造了"水月观音"这一具有鲜明民族特点的宗教画新样式,一直为后代沿袭,被称为"周家样"。唐代人物画有的反映当时的重大政治事件,如《步辇图》;有的描绘功臣勋将,如《凌烟阁功臣图》;有的描绘相邻民族,如《西域图》《职贡图》;有的描绘皇室贵族,如《玄宗试马图》《虢国夫人游春图》;有的描绘文人雅士,如《醉学士图》。

唐代山水画有着多种风貌，金碧青绿与水墨挥洒并行，专门的山水画家日益增多，山水画即将进入成熟阶段。隋代展子虔所画山水具有咫尺千里之妙，唐代李思训、李昭道父子在山水画技巧上更有提高。王维也以水墨山水著名。随后花鸟画开始兴起，唐代花鸟画侧重描绘鹰鹘、仙鹤、孔雀、雉鸡、蜂蝶及花木竹石，大都工整富丽。由于武功隆盛和贵族游猎的风气，使鞍马等题材也成为绘画专科并取得了相当高的成就。由于印刷术的发明，版画也随之得到发展，唐代版画多用于佛像印刷，敦煌莫高窟发现的金刚经扉页画显示出较为成熟的雕印技艺。唐代绘

画不仅大胆汲取、借鉴外来艺术的表现技巧,而且还通过中外经济文化的交流传播到其他国家,当时大食都城中有中国画工献艺,朝鲜半岛上的新罗曾在中国以高价收购名画家作品,中国绘画通过中日两国的使者、商人、留学生、僧侣等传入日本,对日本古代绘画的发展产生了很大影响。唐代绘画灿烂而恢弘,体现了昂扬磅礴的时代精神和风貌。

唐代经济高度发达，绘画也得到了超越性的发展，尤其是人物画，形成了一种鲜明的时代风格，画技也达到了一个历史性的高度。比如阎立本的《职贡图》《步辇图》，张萱的《虢国夫人游春图》《捣练图》，周昉的《簪花仕女图》《调琴品茗图》等描绘的贵族人物，风姿绰约，肌理细腻，反映了当时唐代人物画水平之高，而被后人称作"画圣"的吴道子，他的作品更是受到普遍的欢迎，并多被加以渲染和神化，其实这也是社会对唐代人物画形成新的美学原则的认可。

唐代是中国画线条真正获得独立性格的时代。立于这个笔法高峰之巅的吴道子，承先启后，吸收了域外画法，又融合阎立本的中原风格，以其丰富多变、动感强烈的墨线，使客观事物的内在生命极大地具象、再现于画面。

吴道子的壁画被誉为"天

衣飞扬,满壁飞动"。传世的《送子天王图》,以极尽夸张的手法把天王武将的须发、饭净王伏地而拜的神怪的头发描绘得"吼须云鬓,数尺飞动"。长安菩提寺里吴道子画的《维摩变》,其中舍利佛画奇妙到有"转目视人"的效果。赵景公寺的执炉天女,能"窃目欲语"。他的白描《地狱变相图》"笔力劲怒,变状阴怪,睹之不觉毛戴","都人咸观,惧罪修善。两市屠沽,经月不售"。人物真实生动的造型,具有极强烈的感染力,丰富的线条,使作画必须敷色的成法在唐代遭到质疑。

由吴道子创造的"莼菜条",已纯粹是中国风格。正切宋代米芾所概括的"行笔磊落,挥霍如莼菜条,圆润折算,方圆凹凸"。这种把线型加粗加厚、形成波折起伏的特点,也就是元汤垕所说的"兰叶描"。其行笔已不如六朝以来细若游丝的铁线描那么缓慢、拘谨,而是可以"立笔挥洒,势若旋风"。由于用线条的轻重来表现面的转折,描绘出衣纹的深、斜、卷、折、飘举的复杂变化,所以有"吴带当风"的誉称。吴画着色的特点,也是他创造的"其敷彩也,于焦墨痕中薄施微染,自然超出绢素,世谓之吴装"。米芾认为"吴装"就是十种阴影法式的"浅深晕染",即以淡的色度,就

浅的阴面微染一过，便增强了线的表现力量，使人物形象脱壁欲活。

吴道子的宗教画具有浓郁的世俗化倾向。《送子天王图》中的武将的脸型与唐代武士俑的面貌完全一致。他在千福寺西塔院的壁画里，居然把菩萨画成自己的样子。在《地狱变》中，他甚至把达官贵人打入十八层地狱，一定程度上表现了对神圣权威的蔑视。像吴道子这样，对神的世界不再加以宗教教义的束缚，而是按照现实生活的逻辑，自由地对宗教人物作现实的加工，反映了当时人民的幻想和情感。

从魏晋六朝到唐代，中国佛教画一直处在从西域风格向民族形式的转化过程中。经过曹、张、吴、周四家样，到了吴道子时代，民族化的宗教画创造成功了。在唐以后的宗教画中，人们把他的佛像壁画当作一种格式，这就是"吴家样"。不仅民间画工把他的画当作定格，五代以后的文人宗教画，都没有离开吴画的藩篱，朱繇、韩求以及南唐的曹仲离都属吴道子画派。宋初的王瓘，世称"小吴生"，孙梦卿，世称"孙脱壁"，其中北宋的武宗元学吴道子最为杰出。从这些可以看出"吴家样"影响之深远。

周昉承继吴道子，在外来佛像的中国化、世俗化上尤不遗余力。他改变了千篇一律的"三尊式"佛像仪轨，他画的菩萨在端庄之外，增添了活泼的情态。《历代名画记》说他"妙创水月之体"，这"水月之体"就是唐宋以来中国民间各式各样的观音菩萨的造型。本来印度的观音形象多为男性，还

有两撇小胡子,然而到了中国,中国的艺术家却赋予其女性的特征,以体现观音菩萨大悲济苦的救世精神。虽然现在已看不到周昉的《水月观音像》,但从他擅长的"仕女画"中,亦可以一睹"周家样"的神韵。

所谓"周家样",是指所画的仕女在造型上脸型圆润丰满,体型肥胖,酥胸,着团花长裙,从披纱中显露出丰满的肌肉,给人以温润、香软的感觉。这是当时上层妇女的真实写照,因而有"菩萨如宫娃",释梵天女即是"齐公妓小小等写真"之说。周昉创的"琴丝描",即是一种细劲有力、流利活泼的线型，这种线型加上淡墨晕染，特别适合表现手和肌肤的体积感及罗纱薄而透明的质感。"周家样"在外来设色浓艳的基础上与传统的线的勾画结合，为后代工笔重彩的人物画开辟了新的道路。

对于吴道子的艺术成就，唐代画论家张彦远有过详细的分析，认为吴道子古

今独奇,堪称"画圣"。其绘画的高超之处,在于他对线条艺术表现的贡献,其线笔势圆转,正侧深斜,卷褶飘举,观之宛然"天衣飞扬,满壁风动",故有"吴带当风"之说。吴道子多才多艺,人物、佛道、鬼神、山水、草木、禽兽,无所不能,有"冠绝于世,国朝第一"之赞誉。

开元天宝年间正是吴道子绘画创作的极盛时期。这时他仅在洛阳、长安两京寺庙就留下壁画三百多壁,此外还留有大量卷轴画。据宋徽宗赵佶亲自主持编纂的《宣和画谱》载,几百年后,到宋代宣和年间(1119—1125年),宫廷中还收藏有吴道子的卷轴画九十三件。目前所知道的画迹、碑刻、画目以及关乎吴道子的画诗画跋、口传画迹、海外存迹等还有三百九十件。公认的吴画代表作品有《送子天王图》《八十七神仙卷》《孔子行教像》《菩萨》《鬼伯》等，现存壁画真迹有《云行雨施》《万国咸宁》等，现在台湾的《宝积宾伽罗佛像》《关公像》《百子图》等。还有一些真迹摹制品，如《吴道子贝叶如来画》（七幅）《少林观音》《大

雄真圣像》等。海外存迹有流入德国的《道子墨宝》五十幅，流入日本的《溪谷图》等六幅。

（二）吴道子的平生创作

吴道子一生虽然创作了许多作品，但真迹流传下来的很少。其原因一是毁于兵乱水火。比如天宝末年的安史之乱，玄宗逃往四川，皇室的书画毁损散失不计其数。到肃宗李亨回到长安,"不惜名迹",将宫内残留下来的画随便赏赐给贵戚,有的贵戚不爱好书画,就鬻于不肖之子。因此,不少名画流散民间。唐末,黄巢起义,唐兵溃入京城,僖宗李儇逃往四川,溃兵及市民涌入宫中抢掠,"秘府藏画亦多有流散"。以后历代更迭,名画都有散失。明隆庆、万历年间国库空虚,皇室竟用内府名画折抵官吏俸禄,使许多名画流入贵族官僚之手。1860年英法联军侵入北京,清皇宫的书画又被外国人大量掠走。二是会昌五年(845年)唐武宗曾以佛教"非中国之教",下令毁灭佛寺,除京都长安、东都洛阳各留两寺,同州、

华州、高州、汝州各留一寺外,其余尽皆毁去。全国共毁佛寺四万六千多所,僧尼归俗二十六万多人。五代周世宗于955年四月下诏,严禁私自出家,当年废寺三千多所。吴道子的画大都是画在寺庙墙上的壁画,随着灭佛废寺,自然难以幸存。所以吴道子的真迹留下来的很少。但寺庙虽然废毁殆尽,毕竟有个别保留下来(河北曲阳北岳庙壁画);宫廷所藏卷轴虽然几乎全部流落民间和国外,却也未必全部毁失。以下为古书中所介绍的吴道子的卷轴和壁画。

1.《宣和画谱》中记载了吴道子的九十三件卷轴画,它们是:

《天尊像》一件

《木纹天尊像》一件

《列圣朝元图》一件

《佛会图》一件

《炽盛光佛像》一件

《阿弥陀佛像》一件

《三方如来像》一件

《毗卢遮那佛像》一件

《维摩像》三件

《孔雀明王像》一件

《宝檀花菩萨像》一件

《观音菩萨像》二件

《思维菩萨像》一件

《宝印菩萨像》一件

《慈氏菩萨像》一件

《大悲菩萨像》三件

《等觉菩萨像》一件

《如意菩萨像》一件

《二菩萨像》一件

《菩萨像》一件

《地藏像》一件

《帝释像》二件

《太阳帝君像》一件

《辰星像》一件

《太白像》一件

《荧惑像》一件

《罗睺像》二件

《计都像》一件

《五星像》二件

《五星图》一件

《二十八宿像》一件

《托塔天王图》一件

《护法天王图》二件

《行道天王图》一件

《云盖天王图》一件

《毗沙门天王图》一件

《请塔天王图》一件

《天王像》五件

《神王像》二件

《大护法神》十四件

《善神像》九件

《六甲神像》一件

《天龙神将像》一件

《摩那龙王像》一件

《和修吉龙王像》一件

《温钵罗龙王像》一件

《跋难陀龙王像》一件

《德义伽龙王像》一件

《檀相手印图》二件

《双林图》一件

《南方宝生如来像》一

件

《北方妙声如来像》一件

2.《历代名画记》中记载了吴道子在长安、洛阳的六十八座著名寺观里的壁画,以下是他在各寺观的创作纪录:

西京长安

荐福寺:"净土院门外两边,吴画鬼

神,南边神头上《龙》为妙。"

"西廊菩提院,吴画《维摩诘本行变》。"

"西南院佛殿内东壁及廊下《行僧》,并吴画,未了。"

兴善寺(密宗祖庭):"东廊从南第三院小殿柱间吴画《神》,工人装损。"

慈恩寺(法相宗祖庭):塔内"南北两间及两门,吴画并自题"。

"塔北殿前窗间吴画菩萨"。

龙兴观："大门内吴画《神》,已摧剥。""殿内东壁吴画《明真经变》。"

光宅寺："殿内吴生、杨庭光画。"

资圣寺："南北面吴画《高僧》。"

兴唐寺："三门楼下吴画《神》。""殿轩廊东面南壁吴画。"

净土院："院内次北廊向东塔院内西壁吴画《金刚变》,工人成色,损。""次南廊吴画《金刚经变》《郄后》等,并自题。""小殿内吴画《神》《菩萨》《帝释》。""西壁《西方变》亦吴画。"

菩提寺："佛殿内东西壁吴画《神鬼》,西壁工人布色,损。""殿内东西北壁并吴画,其东壁有《菩萨》转目视人。法师文淑亡何令工人布色,损矣。"（受

损时间在元和末）

景公寺："中门之东吴画《地狱》并题。"（画于开元二十四年）"西门内西壁吴画《帝释》并题。""次南廊吴画。"

安国寺："东车门直北东壁北院门外画《神》两壁及《梁武帝》《郗后》等，并吴画并题。""经院小堂内外并吴画。""三门东西两壁《释》《天》等吴画，工人成色，损。""东廊大法师院塔内尉迟（乙僧）画及吴画。""大佛殿东西二《神》吴画，工人成色，损。""殿内《维摩变》吴画。""西壁《西方变》，吴画，工人成色，损。""殿内正南《佛》吴画，轻成色。"

咸宜观："三门两壁及东西廊并吴画。""殿上窗间《真人》吴画。""殿外东头东西二《神》，西头东西壁吴生并杨庭光画。"

永寿寺："三门里吴画《神》。"

千福寺：西塔院"绕塔板上《传法二十四弟子》，卢棱伽等人画，里面吴生画时，菩萨现吴生貌（即以自己的容貌作菩萨的模特）"。"塔院门两面内外及东西向里各四间，吴画《鬼神》《帝释》极妙。""吴画《弥勒下生变》。"

崇福寺："西库门外西壁《神》，吴画自题。"

温国寺："三门内吴画《鬼神》。"

总持寺："寺门外东西吴画，成色，损。"（约画于乾元二年）

东都洛阳

福先寺："三阶院吴画《地狱变》，有《病龙》最妙。""寺三门两头亦似吴画。"

天宫寺："三门吴画《除灾患变》。"

长寿寺："门里东西两壁《鬼神》，吴画。""佛殿两轩《行僧》亦吴画。"

敬爱寺："（西）禅院内西廊壁画，开元十年吴道子描。《日苍月藏经变》及《业报差别变》，吴道子描，翟琰成。《罪福报应》是杂手成，所以色损也。"

弘道观："《东封图》是吴画。"

城北老君庙："吴画。"

（三）吴道子作品分析

吴道子活了近八十岁，一生创作时间将近六十年。岁月流逝，及至今天，他的作品存世已经很少，能够见到的大约只有如下几件。

1.《送子天王图》(又称《释迦降生图》)：纸本，白描，纸本卷长35.5厘米×388.1厘米，无款，现藏日本大阪博物馆。这幅画的内容是描绘佛祖释迦牟尼降生为悉

达王子后,其父净饭王和摩耶夫人抱着他去朝拜大自在天神庙时,诸神向他礼拜的故事。此图写异域故事,而画中的人、鬼、神、兽等却完全加以中国化,当是佛教在中国本土化,至唐日趋融合之势所致。此图意象繁富,以释迦降生为中心,天地诸界情状历历在目,技艺高超,想象奇特,令人神驰目眩。图中天王按膝端坐,怒视奔来的神兽,一个卫士拼命牵住兽的缰索,另一卫士拔剑相向,共同将其制服。天王背后,侍女磨墨、女臣持笏秉笔,记载这一大事。这是一部分内容。净饭王抱持圣婴,稳步前行。王后拱手相随,侍者肩扇在后,这是又一部分内容。就这两部分来看,激烈与平和,怪异与常态,天上与人间,高贵与卑微,疏与密,动与静,喜与怒,爱与恨,构成比照映衬又处处交融相合。天女捧炉、鬼怪玩蛇、神兽伏拜的另一部分内容,则将故事的发展表现出了层次,通过外物的映衬将主要人物的内在心态很好地表现出来。画卷中人物神情动作、鬼怪、神龙、狮象等都描绘得极富神韵,略具夸张意味的造型更显出作者"出新意于法度之中,寄妙理于豪放之外"的艺术追求和艺术趣味。在这幅画中,吴道子打破了长期以来沿袭的顾恺之等人"紧劲连绵,如春

蚕吐丝"那种游丝描法,开创了兰叶描,"行笔磊落,挥霍如莼菜条,圆间折算,方圆凹凸"。技法首重线条和用笔,笔势夭矫,行于所当行,止于所当止,故线条流转随心,轻重顿挫合于节奏,以动势表现生气,表现了内在的精神力量。同时,他敷色比较简淡,甚至不着色。他在创作的时候,处于一种高度兴奋与紧张状态,很有点表现主义的味道。这些,似乎都透出了后来疏笔水墨画的先声。

《送子天王图》构思独到,气势磅礴,功力深厚,物象纷繁,给日后的宗教题材绘画尤其是佛道壁画带来了深刻的影响。吴道子壁画原作已不可见,现存纸本是后人的摹本,形神俱佳,亦颇可观。

这幅画未见有明代以前的任何记载,自明清以来被认为是吴道子真迹,然而现代学者表示怀疑,估计它是宋人摹本，或吴道子传派高手的作品。

2.《八十七神仙图》，纵30厘米，横292厘米，白描绢本。后被徐悲鸿得到并复制，新复制的《八十七神仙卷》为绢本、全长1268厘米、高34厘米。不仅保持了原作的神貌，而且准确、完整地再现了原作的每一个细节。

这是一幅白描人物长卷，由于年代久远，画作已呈褐色。它描绘的是一个道教传说。画中所表现的是东华帝君、南极帝君在侍者、仪杖、乐队的陪同下，率领真人、神仙、金童、玉女、神将前去朝谒道教三位天尊的情景。画面上神将开道、压

队;头上有背光的帝君居中;其他男女神仙持幡旗、伞盖、贡品、乐器等,簇拥着帝君从右至左浩荡行进。队伍里,帝君、神仙形象端庄,神将威风凛凛,众多仙女轻盈秀丽。画作者用刚中有柔、遒劲潇洒的线条描绘了风动云飘的神仙境界。

《八十七神仙卷》是至今存世屈指可数的中国古代重要艺术瑰宝,代表了中国唐代白描绘画的最高水平。画面以道教故事为题材,纯以线条表现出八十七位神仙出行的宏大场景,人物动态、神情各异,活灵活现,堪称"以形写神"的一大杰作。画面笔墨遒劲洒脱,根根线条都表现了无限的生命力,如行云流水,充满韵律感。仙乐声中众神仙脚踏祥云,御风而行,令观者顿生虔敬之心。

那优美的造型、生动的体态,将天王、神将那种"虬须云鬓,数尺飞动,毛根出肉，力健有余"的气派表现得淋漓尽致，那冉冉欲动的白云、飘飘欲飞的仙子，使整幅作品具有"天衣飞扬，满壁风动"的艺术感染力。全幅作品没有着任何

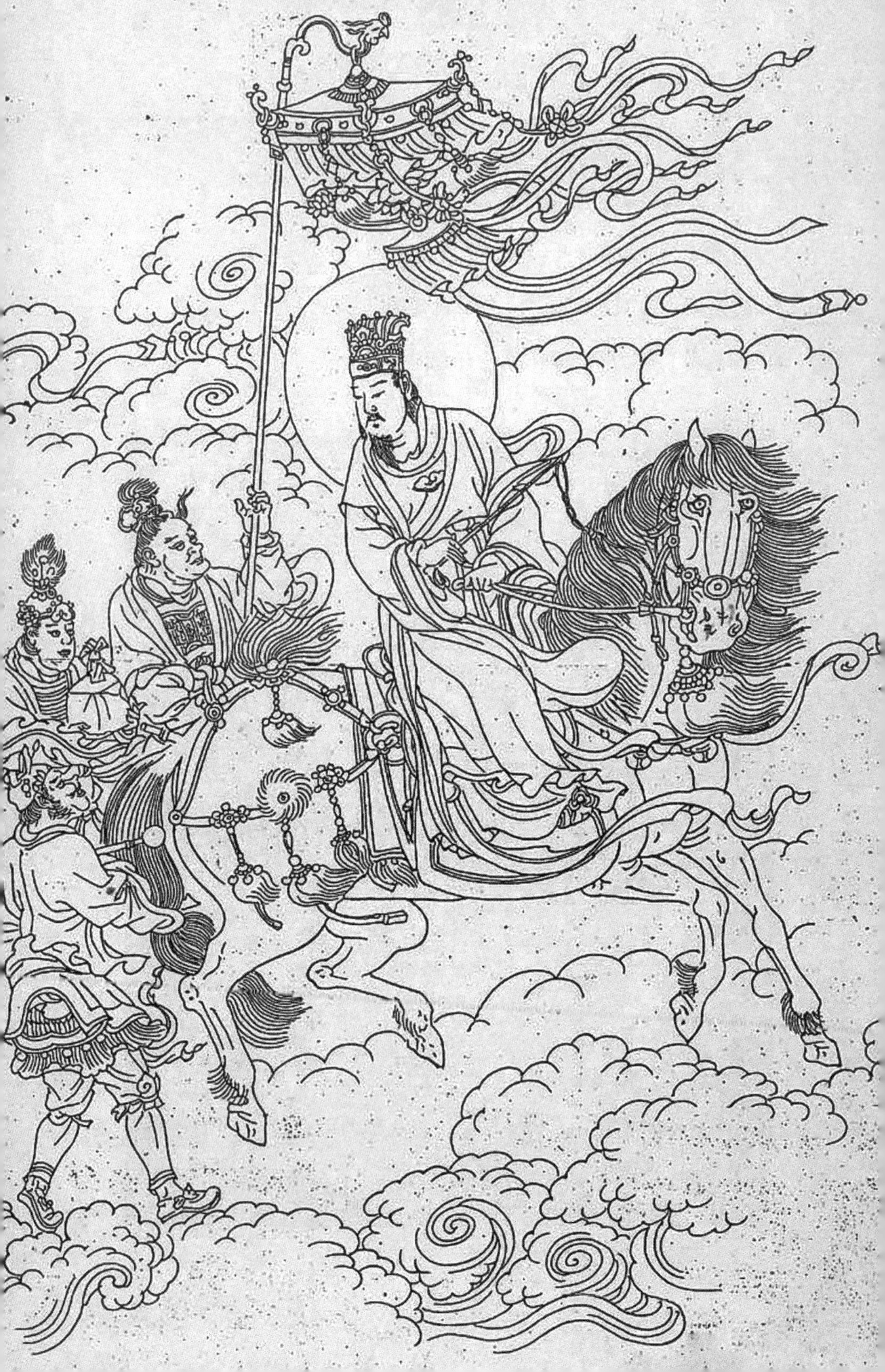

颜色，却有着强烈的渲染效果。

　　这幅画的发现还有一个小故事。1937年春天，徐悲鸿应邀到香港举办画展。期间，他经由作家许地山介绍，来到德国籍的马丁夫人家中鉴赏书画。马丁夫人的父亲生前曾是德国驻华外交官，在中国生活了几十年，购买了大批中国书画文物，其中不乏精品。现在马丁夫人有意将其出售，特意带着几大箱字画到香港寻找买家。徐悲鸿仔细认真地鉴赏着每一件书画藏品，当打开第三个箱子，一幅发黄的长卷展开时，徐悲鸿的眼中放出惊异的光芒，几乎是叫喊着说："我就要这一幅！"成交之后，徐悲鸿先生将香港的画展搁置一边，一连数日闭门不出，每日里展开画卷不停地观看，想从中看出这幅画的年代和出处。徐悲鸿反复琢磨，凭着自己多年对古画的鉴赏经验，他感觉这幅画的绘画风格、笔法特点明显带有唐代画圣吴道子的痕迹。他越看越激动，几天

以后，他已经确定无疑自己购画时的判断没有错——这是一幅极有价值的唐代名家画作。他无比地兴奋、激动，将这件事形容为"平生做的最快意的一件事"，并制作了一方刻有"悲鸿生命"四个字的印章，郑重地加盖在长卷的画面上。为了更加酣畅地表达自己得到这幅画的感受，他揣摩良久，为这幅画写下了长长的题跋："……呜呼！张九韶于云中，奋神灵之逸想——与世太平，与我福绥，心满意足，永无憾矣。"《八十七神仙图》的价值可见一斑。

3.《宝积宾伽罗佛像》，本幅绢本纵144.1厘米，横41.1厘米，左上边题

纸本纵22.6厘米，横7.9厘米，现藏台北故宫博物院。图中画佛、协侍、天王与伎乐九人，上方有瘦金体真书"唐吴道子宝积宾伽罗佛像"，不知何人所题。人物风格完全不同于文献记载的"吴家样"，艺术水准不高，应是后世民间画工的伪作。此画原藏清内府，连乾隆题识也表示怀疑："瘦金所识，道子所图，如水中月，视乎否乎？"

4.《地狱变相》，"变相"是根据经文

以图画表现演义故事。地狱变相故事是由佛说盂兰盆经而来,指的是"目连救母"的传说。说的是目连僧遍历地狱,途经刀山剑树、油釜汤河,受尽艰难,终于救出母亲。这个故事在佛教僧侣的大力宣传下,千百年来,使得轮回地狱思想深入人心,虽是迷信,却也起了一些警世与催人行善的作用。

吴道子所画的《地狱变相》是其代表之作。《东观余论》记吴道子在景云寺所画《地狱变相》时说:"视今寺刹所图，殊弗同。了无刀林、沸镬、牛头、阿房之像，而变状阴惨，使观者腋汗毛耸，不寒而栗。"既然画中无"刀林、沸镬"般恐怖的直觉形象来辅助画面的"阴惨"，那么作品中当然要有比神灵鬼怪等更能强烈地感动人心的力量。据景云寺的老僧玄纵说："吴生（道子）画此地狱变成之后，都人咸观，皆惧罪修善，两市屠沽，鱼肉不售。"其艺术效果如此惊人，足见

吴道子在佛画艺术上所取得的卓越成就。

吴道子的《地狱变相图》在宋代仍能见到,且有多种摹作、传刻。宋黄伯思说道子所画"变状阴森,使观者腋汗毛耸,不寒而栗",这说明吴道子善于塑造富有特征和容易感染人的形象,并以整个气势、氛围给人深刻印象。苏东坡在《跋吴道子〈地狱变相〉》文中也说:"观地狱变相,不见其造业之因,而见其受罪之状,悲哉悲哉!"这里说出了他看此图的感受。

后人有《道子墨宝》,是宋时民间画工画稿,人民美术出版社于1963年重印,第二十七至四十图为《地狱变相图》,观其图可略知吴画原貌。如:第二十七图画一官被捉,将被执送叛罪;第三十六图画一老官被扭送;第三十七图画一官送判,并有挖眼、锯杀之刑。这些画面的意思是指达官贵人、高级将领,他们作了孽,死

后也同老百姓一样披枷受苦，入地狱受罪，这是吴画很独特的表现，就是在宋代官修的《宣和画谱》中，也不能不提到这是一种别出心裁的创作。这里反映出吴道子有一定的平等思想，在实际上突破了佛教题材的局限性，至少，他不同意现实生活中特权人物为非作歹，这种思想从绘画的艺术角度也反映出人民的民主愿望，散发着一种神奇的艺术魅力。

据《历代名画记》记载，赵景公寺老僧讲，吴道子《地狱变相图》画成后，"都

人咸观,皆俱罪修善,两市奢沽,鱼肉不售"。说的是长安众人都去观看,惧怕下地狱受苦,齐心向善,因为佛教戒杀生,街市的鱼肉都卖不出去了。《道子墨宝》第三十一图就画一人,因屠牛在阎罗殿受审,图中一镜现出生前击牛之状。这就有警世之意。因此,《唐朝名画录》云:"京都奢沽、鱼罟之辈见之俱罪改业者,往往有之。"说的是屠夫、渔夫见画后也有惧而改业的。这充分说明,吴道子的《地狱变相》产生了广泛的社会效应。

5.《道子墨宝》,纸本,白描,原藏德国德累斯顿博物馆,现存五十幅,1910年流出国外,原本已失传,仅存影印本。

现存的这部《墨宝》可能是明代画工的手笔,前页右下角有"臣吴道子"四字,画面还盖有"宣和"印,皆伪,但作品保留着一些吴道子的作风。画稿从第一页至二十六页画道教诸神,有天帝、五圣山君、天蓬元帅、立羽圣宝德真君、灵官马元帅、雷神、太岁、神龙等元帅，以及火轮天君、和合太保，此外还有太阳星、太阴星、火星、木星、仓颉等。第二十七页至四十页，画《地狱变相图》，描绘地狱阴森凄惨之状。被小鬼抓到阴间的"罪犯"，受到了挖眼、锯杀等各种刑罚。有一屠户，受审时面前放着一面"前相"镜，镜中现出屠户当日宰杀黄牛的行为。在地狱中，有权贵被抓来受审的情景，与史载"金胄杂于桎梏"相符。第四十一页至五十页，画秦代蜀守李冰在四川灌口兴修水利的故事，但情节已加以神化。《墨宝》是制作道教绘画的画稿，有些构图可能以民间绘画旧本做依据。画中人物的线条挺括熟练，对空间的处理有一定水准，图中山崖的山形轮廓颇似敦煌莫高窟的唐画山水，有些则用上

了南宋式的斧劈皴法,可以看出是具有相当技巧的画工所为。

6.《孔子行教图》,原刻在山东曲阜孔庙。画上有"唐吴道子笔",流传极广,影响很大。相传最早的孔子像是东汉元嘉元年武梁祠石刻中的《孔子见老子图》。到了晋代,著名画家顾恺之画有《孔颜二圣像》。在曲阜的孔庙圣迹殿,北宋时增加了相传临摹的顾恺之所绘的"先圣画像",习称"夫子小影",据说"小影"在孔子像中最真,最接近孔子原貌。现在学术界

公认的是唐代画家吴道子的《孔子行教图》，其上的孔子国字脸、大耳、长髯、宽鼻、阔嘴，五官各个部位都比较突出，长得不俊但也说不上丑。

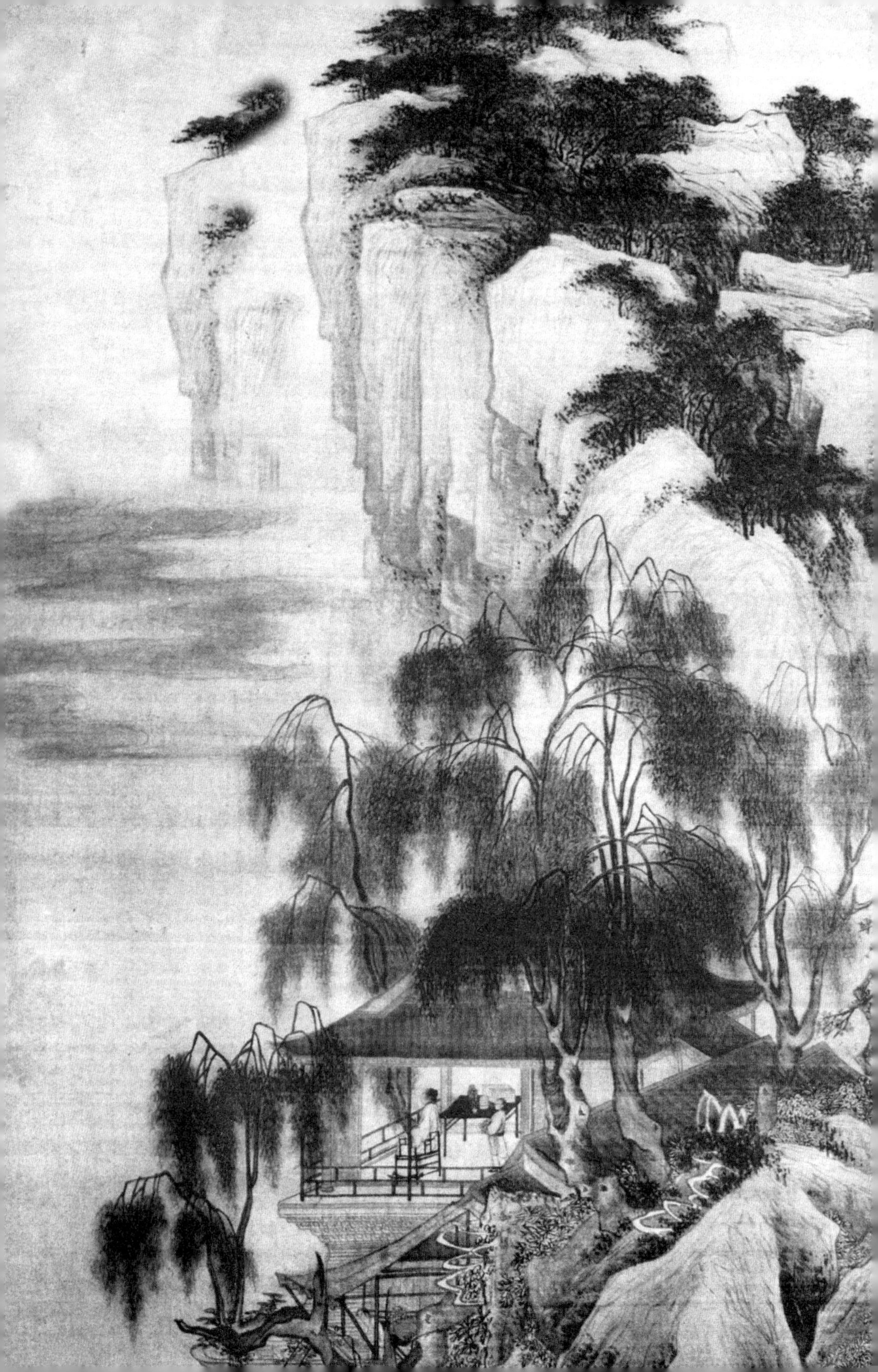

四、吴道子作品的艺术特色

吴道子作品的艺术特色

吴道子是一位非常勤奋高产的画家,一生作画很多,非一般人所能比。他出身卑微、生活贫困、经历坎坷,亲身感受到了人间疾苦,这一切给他的绘画艺术生涯带来了深刻的影响,而他本身的绘画艺术实践又扎根在平民百姓之中,尽管他后来应召入宫,时时随驾出巡,但他的绘画创作仍然与平民百姓息息相关。他所创作的大量佛教壁画,也仍是带着民

众的情感去深刻描绘的。所以，他的作品处处体现了民众的意愿，加以糅合高超娴熟的绘画技巧，凭借"意气"奋笔，"俄顷而成"一幅杰作，而受到历代人的赞誉。这也是他永垂不朽、万世永存的根本所在。

有关吴道子的绘画技法、技巧，唐朝的张彦远对其艺术风格做了全面而深刻的总结。他把吴道子放在文化艺术史上应有的地位，即与六朝三大画家顾恺之、陆探微、张僧繇齐名，以四家的用笔艺术为核心，写成了《论顾陆张吴用笔》一篇论文，还指出了"书画用笔同体"，而且"吴益为画圣"，他的艺术风格不同于顾、陆，却和张僧繇相似。前者是笔迹稠密的"密体"，后者则是笔不周而意周的"疏体"。随后，在《名价品第》中指明

"顾、陆、张、吴为正经……其诸杂迹为百家"。也就是说,尽管吴道子原属杂迹、百家的民间画工,创作过大量的佛教壁画,但全面地从他的艺术风格看,毕竟是属于有文化历史地位的"正经"大画家。有《本传》中说:"因写蜀道山水,始创山水之体。"这不但充分体现了盛唐山水画的重大发展,也突出了吴道子艺术风格的特殊性。

北宋大文学家、诗人、书画家苏轼对吴道子也是赞崇有佳。《沧浪诗话》中说:"盛唐诸公之诗,如颜鲁公书,既笔

力雄健,又气象浑厚。"吴道子的画,正如李白的狂放开朗粗豪,杜甫的矫健骨力气势,又如颜鲁公书,挺然奇伟,"森森如剑戟,有着不可犯之色"。充满了慷慨激昂、欲拔剑起舞之势,体现出了强盛自信的民族精神。所谓"笔所未到气以吞"的雄放,就是苏轼对这种民族精神、艺术精神的感受和描述。接着书画家、批评家米芾就吴道子的绘画艺术,也做了赞颂说:"行笔如莼菜条,圆润折算方园凹凸,装色如新。"同时代鉴赏家董逌,

吴道子作品的艺术特色

对吴道子画地狱变相诸图,作了详细的考证与著录,元代鉴赏家汤垕说:"吴道子笔法超妙,为百代画圣。"

据史籍记载,吴道子"学书于张长史旭,贺监知章。学书不成,因工画。"张旭,有"草圣"之誉。杜甫在《饮中八仙歌》中有"张旭三杯草圣传,脱帽露顶王公前,挥毫落纸如云烟"之句。而贺知章,既是诗人,又以草书见长,"高楼贺监昔曾登,壁上笔踪龙虎腾"。吴道子虽"学书不成",但肯定受到了两位草书大家的影响。从他早年常摹顾恺之画,位置笔意,极近相似。而从"春蚕吞丝"的高古游丝描发展出动感更为强烈、变化无穷的"莼菜条",即可见此中一二。而吴道子的"疏体",可以说是绘画与草书结合中的创世纪之体,正所谓"放

笔如草书法",它无所拘束,流走奔放,激情倾泻于潇洒的笔墨之中。

吴道子被视为"始创山水之体,自为一家"的具有变革意义的画家。"明皇天宝中,忽思蜀道嘉陵江山水,遂假吴生驿驷,令往写貌。及回日,帝问其状,奏曰:'臣无粉本,并记在心。'后宣令于大同殿图之,嘉陵江三百余里山水,一日而毕。""并记在心"是画家的一种"默记",也是中国古代画家进行写生时的一种传统方法。他所记的不是山川表面罗列的一切,而是一山一水、一丘一壑足以引人入胜的境界。可见这是一个大宗师的真功夫。张彦远对吴道子的全面论述,得到后代诸大家一致认同。

吴道子生前所作宗教绘画不只是仙佛像,而且有很多大幅构图,其中有发挥了高度想像力的各种变相，他的笔下出现的各种仙佛形象，据说也是千变万化，进行了多种多样的创造。

目前流传的被认为是吴道子的作品，例如《送子天王图》卷、曲阳北岳庙的鬼伯、孔子像、观音菩萨像等，都很值得研究。《送子天王图》卷（宋代的临本）是一幅优秀的古代作品。图卷后一段取材《瑞应本起经》中净饭王抱了初生的释迦牟尼到神庙中，诸神为之慌忙匍匐下拜的故事。净饭王捧着婴儿，以一种小心翼翼的动作，充分透露出这一抱持者的崇敬心情；同时，那一跪拜在地的孔武有力的天神，更不

"画圣"吴道子

是单纯的跪拜,而是张皇失措、惶恐万状的神态,是精神上完全降服的表现。净饭王和天神的这两个有充分心理根据的动作便烘托出还在襁褓中的小小婴儿的不平凡和无上威严。通过人物的表情和内心的联系以阐明主题,在绘画艺术技巧的发展上有创新的意义。

曲阳北岳庙鬼伯的形象非常强健有力,是摹刻唐代蒲州刺史刘伯荣所画的壁画。曲阜孔子像是宋代绍圣二年的刻石。观音像石刻在全国各地辗转摹刻,极为常见。这些作品,无论是鬼伯夸张激动的表情、孔子群像的构图、观音的姿态,都明显具有唐代的风格,而且这些作品运用的线纹都是所谓的"莼菜条"——是历代公认吴道子的特长。

今天虽然不可能直接见到吴道子的

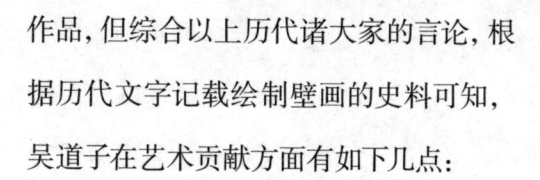

作品，但综合以上历代诸大家的言论，根据历代文字记载绘制壁画的史料可知，吴道子在艺术贡献方面有如下几点：

1.巨大的创作热情

吴道子一生曾作壁画三百余壁，《宣和画谱》犹著录九十三幅，由此可见，他一生作品数量是很大的。这一贡献，就是吴道子以过人的旺盛精力和不平凡的创作热情告诉后人："生命有限，潜力无限。"

2.真实的描写

长安菩提寺佛殿内有吴道子画维摩变，其中舍利佛描绘出"转目视人"的效果。赵景公寺画的执炉天女"窃眸欲语"，有动人的表情。这都说明吴道子的宗教画很有生活的真实感。而且据张彦远称，他在长安千福寺西塔院画的菩萨就是画

了自己的形貌。这一贡献,是告诉后人艺术的创造是以生活为基础。

3.大胆的想像力

吴道子画的地狱变相数量既多,变化也多,如"净土变、地狱变、降魔变、维摩变等,具有各种不同的情境和气氛。变相中的人物,据《两京耆旧传》说"奇踪异状,无一同者"。吴道子不仅描绘出各种不同的情景而且创造了丰富的、有着充沛力量的人物形象。张彦远描写他所画的人物为"虬须云鬓,数尺飞动。毛根出肉,力健有余","巨壮诡怪,肤脉联结",由此可知是多么激昂、充满力量的形象。

吴道子的变相图中最有名的是《地

吴道子作品的艺术特色

狱变相图》。地狱变是张孝师所创,吴道子用了同一题材,进行了自己的创作。他的《地狱变相图》中"一无所谓的刀山、剑林、牛头、马面、青鬼、赤者、黑白无常,但却有一种阴气袭人而来,使观者不寒而栗"。图中并未描写任何恐怖的事物,却产生了强烈的感染力,使人在情绪上受到震动。据记载他在长安景公寺画的地狱变相"笔力劲怒,变状阴怪",因而屠夫和渔夫都为之改变行业,怕因为危

害了生命,将来会在地狱中受惩罚。这一地狱变相的画面我们知道得并不具体,但是从这些描写和记述中,可以得知它确实有震撼人心的力量,显现出巨大想像力。

吴道子的地狱变是宣传佛教的,然而其中却表现了"以金胄杂于桎梏"的景象。即把在人间作恶多端的高官显宦也同样带上手铐脚镣关进地狱。吴道子在那个时代,不可能对宗教迷信提出质疑,但却以其人之道还治其人之身,反映出贫苦平民理想中的众生平等。

4.默画及解剖知识的谙熟

吴道子大都是在兴奋的时候对壁挥毫,技术熟练而造型生动,人们认为他一定有"口诀",即有固定的方法。但是没

吴道子作品的艺术特色

有人知道那口诀如何，也就没有人知道他为什么能那么自由地挥洒。自《三百里嘉陵江图》后，人们知道了他那"并记在心"的超强默画能力。他在绘画上的娴熟技巧，每每被古人称道。

张彦远说："数仞之画，或自臂起，或从足先，巨壮诡怪，肤脉连接。"即他画丈余的佛像，可以从手臂开始，也可以从脚部开始，而且都能创造出极富表现力的形象，可见他对人体解剖知识谙熟。据载吴道子画直线和曲线从不利用辅助工具，"弯弧挺刃，植柱构梁，不假界笔直尺"，完全是空手描出。又据《梦溪笔谈》记载，他作佛像，最后画佛光的时候，"转背挥墨，一笔而成"，"立笔挥扫，势

若风旋",而引起观众的喧呼,甚至惊动了几条街道。

5.技法特点

吴道子在笔墨技法上的特点主要有三点。第一,他描绘物象不是很工整的,所谓"众皆密于盼际,我则离披其点画。人皆谨于象似,我则脱落其凡俗"。第二,他作品的色彩不是很绚烂的,所谓"浅深晕成","敷粉简淡",而被称为"吴装",甚至有不着色的"白画"(如景公寺的地狱变相)。第三,他在早年作画线纹较细,但后来所用的线条是"莼菜条",可以表现"高侧深斜,卷褶飘带之势",是以表现对象的细微透视变化高、侧、深、斜为目的,线条带有立体感。这种线条比曹仲达、顾恺之等人所擅长的铁线描更能敏锐地表现出客观事物的立体造型,和书法中的草书更接近。

6.线描的改变

吴道子在描线上将六朝画风描线细

而长的比较婉转的"高古游丝描",与西域绘画中流行的凹凸法糅合在一起,创出了富有自己特色的艺术风格,把线描造型推向了一个更高层次。从存世的《送子天王图》画面可以看出:首先,在人物形象的处理上,那些佛教传说中的外国故事人物,都成了中国人,净饭王和摩耶夫人,形象庄严大方、神态安详自然,完全是中国帝后的形象和精神气质,尤其是

几个天女的形象,体态端庄,美丽活泼,洋溢出纯真的情感和饱满的生命力,是唐代经济上升时期典型的青年女性形象。其次,画家在人物造型上充分发挥了传统的线描功能,并把用笔和速度、腕力,甚至情感以及书法因素结合来,有着抑扬、顿挫、方、圆、粗、细、疾、徐、劲、柔等多种变化,但又紧扣饱满矫健的形体结构和宽服大袖的衣饰特点,从而使人物形象富于立体感,显得真实生动。正如《广州画跋》所说:"吴生画人物如塑,旁见周视,盖四面可意会。"最后,画卷着色很淡,接近白描。这也是吴道子的绘画特征之一。记载说他的画,"其敷彩,于焦墨痕中,略施微染,自然超出缣素,世谓之吴装"。这种施彩方法有别于传统的浓色平涂,也和西域传来的

"凹凸法"不同,它保证了以线描为主要表现技法的传统形式,但又加强了体积感和形体结构的真实表现。

由上述几点可清楚看出,吴道子正是在新的历史条件下,继承发扬民族绘画传统而又吸取外来优点,化为己有,创造出了崭新的民族艺术风格。

7.线纹的激状的律动的表现

宗白华论述道:"抽象的线纹,不存在于物,不存在心,却能以它的匀整、流动、环绕、屈折,表达万物的体积、形态和生命,更能凭借它的节奏、速度、刚

柔、明暗，有如弦上之音、舞中之态，写出心情的灵境而探入物体的诗魂。"所以中国画自始至终多以线为主。历史上，吴道子用以组成形象的线纹一向以运动感和强烈的节奏感而引起评论家的特别注意。他的线纹的表现或被描写为"磊落逸势"（唐·李嗣真），"笔迹遒劲""笔力劲怒"（唐·段成式），又或被描写为"落笔雄劲"（宋·郭若虚），"气韵雄状""笔迹磊落"（唐·张彦远）。线纹是一种表现的手段，而其本身所产生的效果也有助于形成吴道子作为一个伟大画家所特有的风格。这种线纹本身所产生效果，不应该强调为绘画艺术的唯一表现目的，然而予以适当的注意也会加强艺术的感染力。吴道子就是结合着内容的表现和形象的创造，在运用线纹上也渗透着强烈的情感,从而大大提高了绘画艺术中诸表现因素的统一性。

由以上所引述的特点,可以知道吴道子的作品中有着一种强烈而极度紧张的感情力量,吴道子在进行创作时陷入一种高度兴奋与紧张的状态。据载吴道子嗜酒,往往在酣饮之后动笔,这与他的老师张旭非常相像。吴道子观裴旻舞剑的故事,也可以说明这一点。吴道子从裴旻舞剑中得到了灵感,而激发起创作冲动,这就说明吴道子在进行创作前会有目的地培养自己的思想感情。

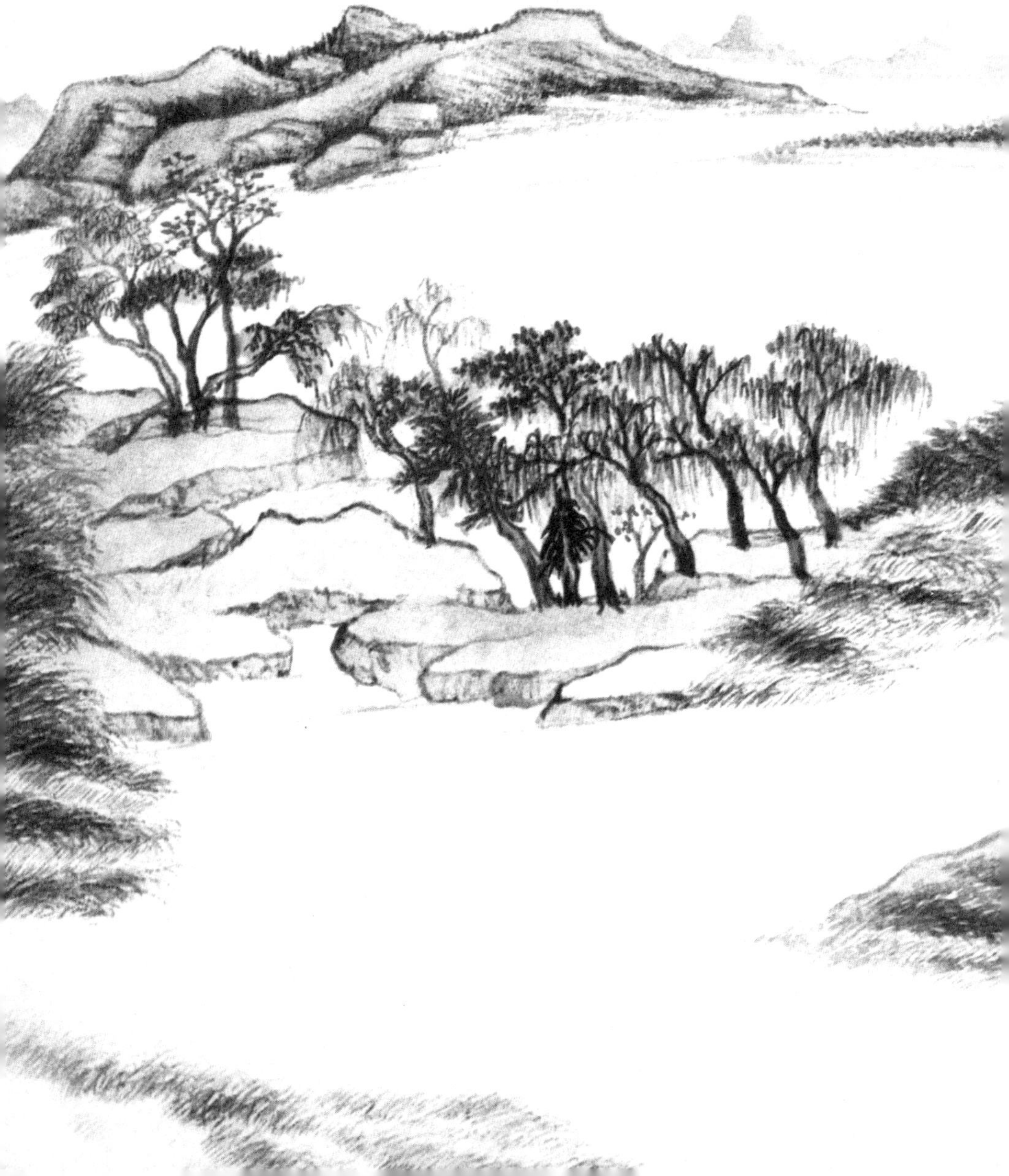

五、吴道子艺术的历史影响

（一）吴道子弟子及其画风的流传

吴道子有一些弟子在他作壁画时充当助手，吴道子自己描线，他的弟子或其他工人替他着色。翟琰和张藏都经常为吴道子的画着色，而色彩浓淡效果良好。吴道子的壁画，也有经过不甚高明的工匠着色而受损的。

"画圣"吴道子

吴道子和他弟子的关系也不只是简单的合作。弟子们也独立作画,如弟子中最有名的卢棱伽就善于学习吴道子,吴道子曾授以"手诀"。这些弟子学习吴道子也有些变化,例如杨庭光下笔较细,但也是吴道子门下的高手,他曾把吴道子的肖像画在壁画中间,而引起吴道子的叹服。

吴道子的画法,师于张僧繇,书法学于张旭。虽然他初期的画笔仍带有六代脂粉习气,但中年以后,摄取众家所长,然后加以融会贯通,糅合变动,创造出富有个人特色的艺术风格,行笔磊落,不受前人束缚,脱尽凡俗。吴道子画路极广,他的山水画不着色,创用水墨画法,气魄豪放，以线条的雄浑流畅见长，且落笔快速大胆；他的人物画如塑然，隆颊丰鼻，瞬目陷眼，旁见周视，盖四面可意会，不但传神，而且八面生风；他画人物的衣服裙带总像被风轻轻吹起，大有"我欲乘风归去"之感；他对鸟兽画亦很在行，所绘龙的鳞爪舞动，传闻每天将要下雨的时候会生出烟雾。吴道子不但山水、人物、服饰、鸟兽画得好，而且佛像、鬼神、楼阁、林草花木，无不冠绝于世，所以世人称他为"百代画圣"。

吴道子将其"手诀"传授给弟子，而

且在绘制壁画的实践工作中以合作的方式使弟子受到训练。吴道子又以各种个人独创的图样样式吸引着周围的画工，所以他在唐代宗教绘画方面产生了广泛的影响力。在唐代，吴道子独创的佛教图像的样式，被称为"吴家样"，是张僧繇"张家样"之后的一种更成熟的中国佛教美术的样式。"吴家样"也突破了北齐曹仲达以来的"曹家样"的影响支配，而成为与之对立的样式。"吴家样"与"曹家样"的显著区别，被宋代评论家用"吴带当风，曹衣出水"一语所概括。这两句话指出了两者在服装上的不同（前者是宽而松的衣服，后者紧紧贴在身上），也指出线纹表现的不同（前者是运动立体感较强的莼菜条，后者是紧紧依附人物形体

吴道子艺术的历史影响

结构和肌肉的传统铁线描)。曹家样和吴家样的分野也存在于雕塑艺术中。

吴道子自己也擅长塑像。和他一同学习于张僧繇门下而在雕塑方面发展起来的杨惠之,是古代最享盛名的雕塑家。吴道子的弟子中也有雕塑家,如王耐儿、张爱儿。吴道子的影响不局限于唐代的绘画和雕塑。他的画风在宋代仍为很多画家所追慕向往。北宋初年的宗教画家如王瓘、孙梦卿、侯翼、高益、高文进、武宗元等人都没有完全超出吴道子的范围。而在绘画史的发展上,宗教画自宋代以来,就没有出现过重大的改变。可以说中国风格的佛教绘画在吴道子的手中最终形成了,直到近代民间画工仍旧奉他为祖师,而且保存着绘塑不分的传统,都不是偶

"画圣"吴道子

然的。

卢棱伽是吴道子的弟子中最有成就者,但据说只能勉强达到吴道子的水平,就因力竭而死了。他的作品比较细致,现存的《卢棱伽罗汉图》,只残存三幅。其中降龙的一幅,罗汉端坐石上,双手握杖,置于膝上,全身力量集中在双臂,虽无大幅度动作,但有无穷震慑的力量。这是借描写神态,从内在精神力量中表现出强大的威力。

梁令瓒《五星二十八宿图》是流传至今的一幅重要的唐代绘画,梁令瓒是精通天文学的道教徒,他的作品据宋代李公麟说很像吴道子。这一幅画是想象中的诸星辰神祇的形象,有的是动物的形象加以人格化的变形。

（二）历代画家学者对吴道子的评价

中国历代都对吴道子的绘画技巧赞叹有加。苏轼有《凤翔八观》诗说："道子实雄放,浩如海波翻。当其下笔风雨快,笔所未到气已吞。"他评论吴道子人物画："如灯取影,逆来顺受,旁见侧出,横斜平直,各有乘除,得自然之数,不差毫末。出新意于法度之中,寄妙理于豪放之外。所谓游刃余地,运斤成风,盖古今一人而已。"其中"新意"与"妙理",是说传统法度之创新,寓于豪

"画圣"吴道子

放挥写的艺术构思与精神内涵。在吴道子生活的唐代,就有人评价他"下笔直取,如有神助","不拭草稿,一气呵成"等。吴道子作画的特点有三:一是放笔直取、不差毫厘、神态各异、出神入化;第二是在众多观者在场的情况下,下笔如飞,兴致最佳;第三是无所不画,独创"疏体"风格。除了人物、佛道、鬼神外,他还画禽兽、山水、草木,且皆冠绝于世,影响了千百年的中国绘画。

吴道子的影响既广泛又深远,《宣和画谱》说:"工道释,未有不以吴道玄为法者。"在他活动的年代,就已不仅影响了门徒与追随者,也影响了同代画家,所以米芾说唐人的画多像吴道子,很难鉴定。从画史记载看，唐代名家学吴道子的还不多，那正是艺术黄金时代的正常情况，人人都竞争创造，各呈天才，耻相效法，从而充分显示出那个时代不可企及的艺术成就。唐代以后，山水画大兴，人物画开始走下坡路，画家的创造性日渐减退，自觉或不自觉地匍匐在前代大师脚下，于是学吴道子的画家多了起来，不少人还是各个时代的重要代表。

《五代名画补遗》记载的有：朱繇，"神品"四人之一，"幼学吴道子笔迹，由是知名"（《图画见闻志》说他"酷类吴生"）。曹仲元（就是在《送子天王图》上题识的南唐翰林待诏，《图画见闻志》记为曹仲玄），"妙品"四人之一，"少学吴生"，"能夺吴生意思，时人器之"。王仁寿，"妙品"四人之一，"初学吴生，长于佛像鬼神及马

等",画京师大相国寺净土院八菩萨,被误认为是吴道子手笔。

北宋画家很崇拜吴道子,学他的名家更多。《圣朝名画评》记载的就有:王瓘,"神品上",洛阳人,"少志于画,家甚穷匮,无以资游学。北邙山老子庙壁画,吴生所画,世称绝笔焉。瓘多往观之,虽穷冬积雪,亦无倦意。有为尘滓涂渍处,必拂拭磨刮,以寻其迹,由是得其遗法",被评为当代第一(《图画见闻志》说:"世谓之小吴生")。王霭,"神品中","追学吴生之笔,于佛像人物能尽其妙"。孙梦卿,"神品中","家世豪右,不事产业,志于图绘。常语从曰:'吾所好者吴生耳,余无所取。'故尽得其法。里中人目为'孙脱壁'(意思是说孙仿效吴的壁画,画得像是从原作壁上脱出来似的一点不差),又曰'孙吴生',"识者以为吴生后身,数百年能至其艺者,止梦卿焉"。武宗元,"神品下","学吴生笔,得其闲丽之态,可谓睹其奥矣"。侯翌,"妙品上","学吴生释道画"。张昉,"妙品下","学吴生仅得其法"。(《图画见闻志》称他"笔专吴体")王兼济,"妙品下","学吴生为画,得其余趣"。孙怀说,"能品中","喜丹青,亦学吴生,略得其奥"。李公麟,字伯时,北宋最著名的人物画家,被《图绘宝鉴》评为"宋画第一",也是"佛像追吴道玄"。李公麟虽学吴道子,也极力想消除其画工技术性质。邓椿说:"画之六法,难于兼全,独唐吴道子、

本朝李伯时,始能兼之耳。然吴笔豪放,不限长壁大轴,出奇无穷;伯时痛自裁损,只于澄心纸上运奇布巧,未见其大手笔,非不能也,盖实矫之,恐其或近众工之事。"有此观念,吴道子阳刚壮美、雄强豪迈的风格气派,自然也在他的画中消失殆尽。为此,张丑《清河书画舫》批评说:"吴道子画学,早岁受笔法于张伯高(旭),已是豪纵;中年观将军裴旻舞剑,而得其神。以故传世妙迹,激昂顿挫,有风行雷激之势,详辨旨趣,盖纵逸之祖也。至宋李伯时闻其风而悦之,专用正锋细描,虽古雅超群,不复吴之气概矣。"

李公麟只是一位典型代表，宋以后学吴道子的文人画家，都是如此。而以文人画家的气质，要学会吴道子的风格气派，其实也很困难。

《宣和画谱》称他"创意处如吴生，潇洒处如王维"，对后世颇具影响，学他者很多。现存传为他所作的《维摩天女像》最能体现吴道子的影响，通过它也可以了解和研究吴道子的艺术，特别是人物形体结构与衣纹画法，以补其遗世真迹不足之憾。

南宋偏安江南，难以见到中原的吴道子遗迹，加上人物画进一步衰退，学他者骤减，但仍有重要画家受他影响。

梁楷，《南宋院画录》说他的《高僧图》

"画法简洁,盖效吴道子者"。他学贾师古,师古学李公麟,公麟学吴道子,所以梁楷也有吴道子画风的遗传基因。现藏上海博物馆的梁楷《八高僧故事卷》,衣纹确有"莼菜条"遗意。

马和之,《画鉴》称他"作人物甚佳,行笔飘逸,时人目为小吴生"。《图绘宝鉴》说他"山水效吴装"。他的传世作品尚多,行笔都作战掣的"莼菜条"而增加流动感,所以很飘逸。吴道子这种战笔样式的描法,只有他一位代表性传人。他还把这种笔法用来画树石云水,发挥了吴道子"莼菜条"的写意性,使其山水在宋代独树一帜,是学吴者中最善创新的一位画家。

马远,南宋山水四大家之一,也善人

物。《南宋院画录》说他与马和之的白描人物"出于吴道子,此所谓兰叶描也"。他的真迹流传至今者也不少,此说有据。

元代文人画勃兴,文人画家多倾心山水花鸟画,措意人物画者少,吴道子的影响顿减,只有个别画家间接继承他的衣钵,如《图绘宝鉴》所载的金应桂画学李公麟,郭敏学武宗元。

明代是文人画昌盛时期,也是山水花鸟多而人物画少,但依然有人物画家学吴。徐沁《明画录》记载:丁云鹏"善画佛像,得吴道玄法"。张靖"工道释,兼精人物,行笔疏爽,入吴道玄之室"。号称"北崔南陈(洪绶)"的崔子忠,则是"人物俱摹顾、陆、阎、吴"。张庚《国朝画徵录》评价明代的仇英、唐寅和陈洪绶的人物画设色多学

"吴装"，和历来其他画家主要学吴道子的笔法不同。仇、唐、丁、崔、陈均是明代最重要的人物画家，他们都接受了吴道子的影响，人数虽然不多，却集中了这一时代的精英。

明代最突出的学吴名家是吴伟，姜绍书《无声诗史》称他"山水人物，俱入神品"。他的生平经历也有些像吴道子，少孤贫，善绘事，也是因善画被召入宫廷供奉，也好酒，并得皇帝欢心，授锦衣百户，赐"画状元"印。《明画录》说他"人物宗吴道玄，纵笔潇洒"。同代学他的人不少，如蒋贵、李著、张路、薛仁、宋登春等，以至于形成一个画派叫"江夏派"（吴伟是江夏——今湖北汉口

人)。可以说,吴道子的法脉,赖他们而得以远传,他们的画迹犹存不少,皆可验证。

清代学吴道子的画家比明代少,最著名的学吴者是禹之鼎,他的人物画虽出入宋元诸家,但"其写真多白描,不袭李公麟之旧(公麟把吴道子的人物白画完善为白描,后世白描人物画多楷法他),而用吴生兰叶法"。

此外有李世倬,"自言官晋土(山西)时,得吴道子《水陆道场图》而阅之,遂悟其法"。苏泽民"善画帝释诸天像,得

吴道子遗意"。陆振宗"善画山水,兼工人物,尝摹吴道子画至圣先师并七十二贤像,勒石山阴学宫"。

清代最善于学吴的画家应数任伯年,他的写意人物画,衣纹笔法正是遥接吴道子的写意精神,并作了天才的创造与发展,许多著名作品,如几种钟馗图,都很有代表性。现代写意人物画再从他的成果出发,又创造新的样式,但写意精神基本不变。

吴道子的主要成就与影响,在于宗教绘画,因此,除了文人士大夫画家师法他外,以宗教绘画为主业的历代民间画工更是奉他为"祖师"。宋代兴起新的文人画观念,在相当程度上消减了文人画家学习吴道子的热情,他的继承人越发以民间画工为主。

进入20世纪,社会变

化激烈,宗教一度被视为封建迷信,其题材内容在中国画里扫荡殆尽,到今天21世纪之初,仍只是画家偶尔猎奇的对象。吴道子的艺术,于是转入美术院校,成为研究学习的传统瑰宝。学习人物画的国画学生,在临摹古代名画、掌握传统线描与造型技法时,常以《送子天王图》以及学他的后世名家如李公麟、武宗元、梁楷、任伯年的名作为范本,所以,吴道子的影响迄今仍没有中断。

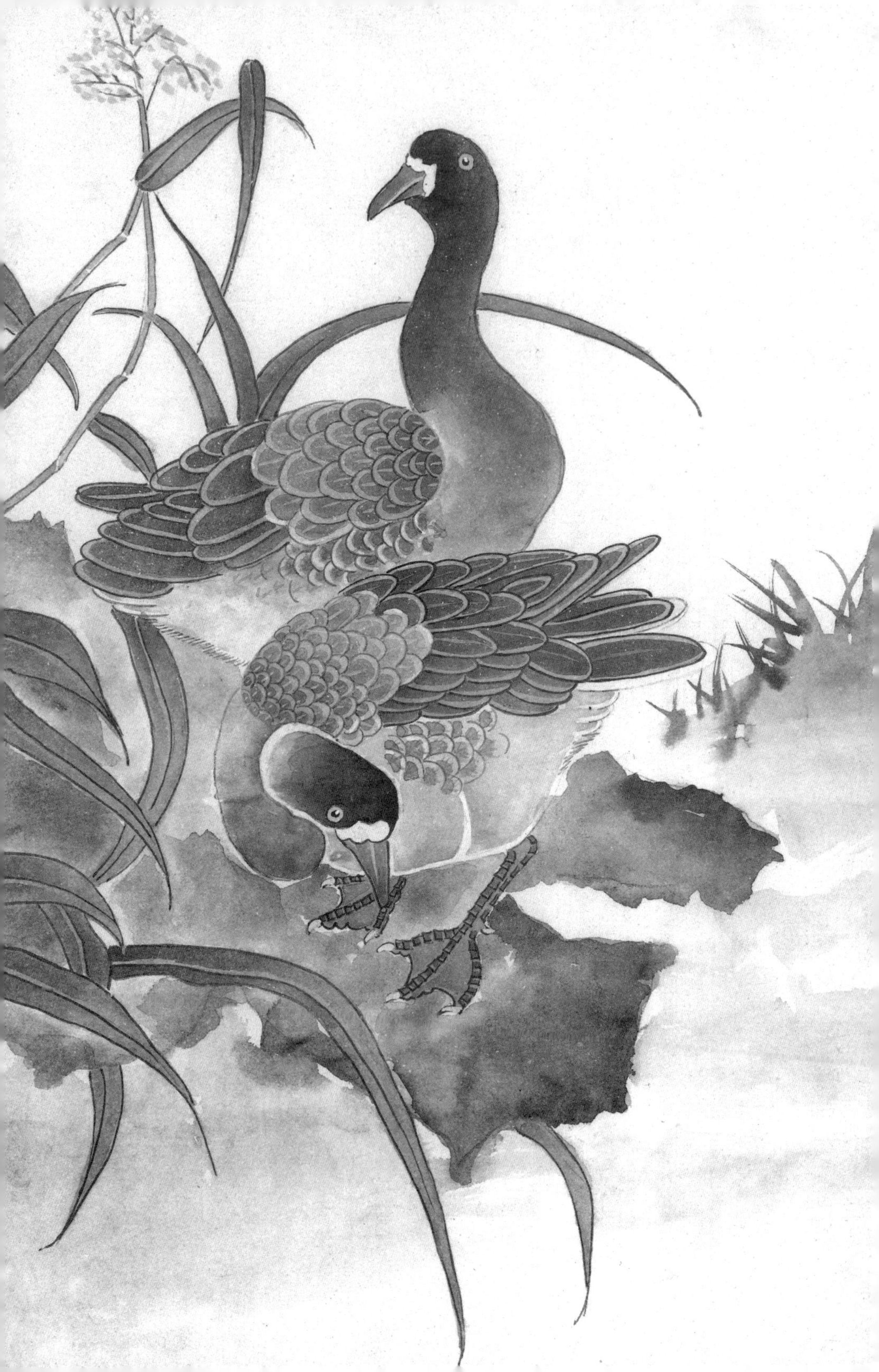